亲子关系

12招让你成为孩子眼中的好父母

孙云晓 著

浙江文艺出版社

图书在版编目(CIP)数据

亲子关系:12招让你成为孩子眼中的好父母 / 孙云晓著. —杭州:浙江文艺出版社,2021.1
(孙云晓家庭教育精品课)
ISBN 978-7-5339-6258-6

Ⅰ.①亲… Ⅱ.①孙… Ⅲ.①儿童教育—家庭教育 Ⅳ.①G78

中国版本图书馆CIP数据核字(2020)第200153号

策 划 人	李明华　王晓乐
责任编辑	岳海菁
责任校对	许红梅
责任印制	吴春娟
装帧设计	RECNS
营销编辑	赵颖萱

亲子关系:12招让你成为孩子眼中的好父母

孙云晓　著

出版发行	浙江文艺出版社
地　　址	杭州市体育场路347号
邮　　编	310006
电　　话	0571-85176953(总编办) 0571-85152727(市场部)
制　　版	杭州兴邦电子印务有限公司
印　　刷	浙江新华数码印务有限公司
开　　本	710毫米×1000毫米　1/16
字　　数	125千字
印　　张	11.25
插　　页	2
版　　次	2021年1月第1版
印　　次	2021年1月第1次印刷
书　　号	ISBN 978-7-5339-6258-6
定　　价	35.00元

版权所有　侵权必究

(如有印装质量问题,影响阅读,请与市场部联系调换)

序　言

记住家庭教育的三个关键词

自1973年至今，我已经做了四十七年的儿童教育工作。之所以越来越关注家庭教育，既因为这是一切教育的源头，更因为千家万户的需求日趋强烈。

我曾多次应中国青少年研究中心邀请，为家庭教育指导师培训班讲课，令我意外的是，有些学员根本不是为了做指导师，而只是想学会怎样做一个好父母。还有些年轻父母跃跃欲试，想去读心理学的硕士和博士，以为掌握了专业知识，教育孩子就会得心应手了。我在南方一所小学发现，该校共有博士父母上百人，但他们中的许多人也为教育孩子倍感困扰呢。这或许说明，孩子的发展既千差万别又千头万绪，单靠高学历或某项专业资格未必能够胜任父母之责，教育好孩子需要科学的教育理念和丰富的实践经验。

这样说似乎有些玄妙，还是分享一个刻骨铭心的亲身经历吧。

我一直确信，自己资质平凡，而且生活在一个普通的工人家庭，十一岁前很少看课外书，可谓先天不足。在我十一岁那年，也是"文化大革命"最疯狂的那个冬天，十五岁的哥哥从工厂将要毁掉的一地图书里挑出来了几本文学名著带回家。谁也没想到，这几本文学名著改变了我的命运。我痴迷地阅读，享受着美的震撼，心中萌发了强烈的感受：文学太迷人了！作家太伟大了！我要看更多的书，我也要成为一个作家！在那个至暗时刻，我不仅养成了阅读的习惯，而且有了文学梦，这成为我一生最为重要的转折点。习惯与梦想的力量是惊人的。我一边阅读一边写作，自十五岁开始写日记，至今已经坚持了整整五十年。后来，我真的成为一名作家，发表了许多报告文学作品和五部长篇小说，多次荣获国家级大奖。

更让我欣慰的是，我的阅读与写作习惯深深影响了80后女儿的发展。从小学、初中到高中，女儿都没有上过重点学校，也很少进课外补习班。可是，因为她从小养成了阅读与写作的习惯，并且坚持做学生记者，发表过多篇作品，确立了长大当一名记者的职业理想。大学毕业后，女儿如愿以偿成为国家媒体的记者，因为成绩突出，被国家派驻外国做记者多年。

其实，每一个孩子的发展都具有无限可能。遇见文学的少年妙不可言，养成阅读与写作的习惯将终身受益。根据我在中国青少年研究中心近三十年的调查研究，加上我对许多孩子发展经历的常年跟踪采访，发现类似的案例比比皆是，这并非偶然的、特殊的情况，而是具有规律性的普遍现象。概括来说，我发现三个关键词特别重要,即"习惯养成""潜能开发"和"亲子关系"。它们之间的关系可以用一个三角图形来体现,其中,亲子关系是底线,具有稳固的支撑作用,而两条向上并相交的线就是习惯养成和潜能开发。当然,潜能开发不只是智力开发,也包括非智力因素的发展乃至健康人格的培育。习惯培养更是如此,良好习惯缔造健康人格。

基于上述考虑,在浙江文艺出版社等机构的鼎力支持下,各方精诚合作编辑的36集音频课程《孙云晓家庭教育通识课》上线了,同时出版了《好习惯:12招教孩子自律而独立》《学习力:12招巧妙唤醒孩子的潜能》《亲子关系:12招让你成为孩子眼中的好父母》三册图书。之所以能够做好此事,首先应该感谢王晓乐总编辑的精心策划,即以我2016年在浙江文艺出版社出版的"孙云晓教育研究前沿书系"为基础来重新编写,特别选取了《亲子关系 决定孩子一生幸福的密码》《习惯养成有方法》《成功智力 比智商更重要的潜能》《五元家教法 好父母的必修课》等专著的精华。

值得一提的是,几代人的选择与推敲成就了这套书和音频课程,这是一次全新的尝试。说实话,作为一个50后教育研究者,我总担心落伍于80后、90后父母们的发展需求。这一次,80后的编辑岳海菁、何晓博和90后的编辑袁格格(特聘)、陆秋霞等给予我重要帮助,她们选出我原著的内容并加以编写,由我再做修改和补充,增加最新的思考和建议。可以说,这套书和音频课程都是真正的"千人糕",我对各位80后和90后编辑表示诚挚的谢意!

说到家庭教育通识课,自然需要说明什么是通识课。1945年,哈佛大学发表《自由社会中的通识教育》,报告提出:教育可分为通识教育与专业教育两部分。前者作为大学教育的一部分,主要关注学生作为一个有责任感的人和公民的生活需要,后者则给予学生某种职业能力训练。从通识教育目的的角度来看,通识教育是关注人的生活、道德、情感和理智的和谐发展的教育。

通识教育风行于大学,是担心学生被各类专业所局限,所以要"关注学生作为一个有责任感的人和公民的生活需要"。如果细心思考一下会发现,家庭教育同样如此,父母可能被各种各样的教育方法所束缚,却忽视了更为重要的教育理念和价值追求。与大学的通识课不同,家庭教育通识课注重科学的教育理念与原则,注重理论与实践的结合,注重尽可能以故事和案例说明问题,并给出一些可以操作的有效建议。

今日中国的家庭教育存在极端化的倾向,有些父母主张给孩子更多一些自由,而另一些父母则认为要对孩子更多一些严管,这两种倾向都不利于孩子的健康成长。孩子的成长是有规律的,教育也是有规律的。国内外心理学家依据多年的研究发现,对孩子既理解尊重又严格要求的父母最有利于孩子的发展，主动性与自制力"两颗种子"都发达的孩子人格最健康。这种平衡教育的现代理念是我们家庭教育通识课的主导思想。

家庭教育的鲜明特质是实践性。广大父母和教师朋友是否喜欢这套丛书，是否能够真正从中受益，从而促进孩子的成长，是作者与编者最为关心的。每本书至少有一半价值是由读者创造的，当您拿起本书的时候，这种创造就开始了。所以，请允许我怀着一颗虔诚的心，向每一位读者朋友表示敬意！

孙云晓

2020年3月28日于北京云根斋

CONTENTS
目录

01 孩子的交流黄金期，你知道吗？ / 001

什么是孩子的交流黄金期？ / 002
如何在交流黄金期与孩子建立良好的依恋关系？ / 003
后交流黄金期，如何与孩子相处？ / 010
🎁 好父母成功锦囊 I / 013

02 怎么给孩子自信，决定了他的未来！ / 015

怎样才能让孩子拥有自信呢？ / 016
怎样才能充分发掘孩子身上的优点呢？ / 021
🎁 好父母成功锦囊 II / 027

03 什么样的家庭能养出好孩子？ / 029

孩子的安全感从哪里来？ / 031

如何帮助孩子建立安全感？　/ 033
什么才是父母送给孩子的最好的礼物？　/ 035
夫妻关系对孩子成长的影响有多大？　/ 037
🎁 **好父母成功锦囊 III** / 040

04 说"不"，让亲子关系更有活力！　/ 041

为什么说"不"能让孩子学会控制自己？　/ 042
为什么说"不"能让父母得到成长？　/ 045
父母要怎样对孩子说"不"？　/ 048
🎁 **好父母成功锦囊 IV** / 052

05 要孩子尊重你，你尊重孩子了吗？　/ 053

尊重孩子，你做到了吗？　/ 054
你知道尊重孩子的原则吗？　/ 056
怎样做才是真的尊重孩子？　/ 061
🎁 **好父母成功锦囊 V** / 065

06 做一诺千金的父母真的很难吗？　/ 067

父母说话不算数，真的很严重吗？　/ 068
我们要如何成为言而有信的父母？　/ 073
🎁 **好父母成功锦囊 VI** / 081

07 成长路上，爸爸怎能缺位！ / 083

在当今家庭教育中，父教为何不可缺？ / 085
成为好父亲的标准是什么？ / 088
究竟怎样做才能成为好父亲？ / 094
🎁 **好父母成功锦囊 VII** / 099

08 隔代教育的问题要怎么破？ / 101

隔代教育究竟是好还是坏？ / 103
隔代教育问题是怎样产生的？ / 105
如何克服隔代教育问题的弊端？ / 108
🎁 **好父母成功锦囊 VIII** / 111

09 爸妈分开了，孩子最害怕什么？ / 113

父母离婚会给孩子带来怎样的伤害？ / 115
单亲家庭的孩子要怎么教？ / 122
🎁 **好父母成功锦囊 IX** / 126

10 开口跟孩子谈性教育，你会吗？ / 127

幼儿需要性教育吗？ / 128
幼儿的性教育该如何展开？ / 130
与青春期孩子谈性教育要坚守哪些原则？ / 133
🎁 **好父母成功锦囊 X** / 139

11 孩子离家出走了，该怎么办？ / 141

孩子为什么会离家出走？ / 142
预防孩子离家出走的关键是什么？ / 147
如何对待离家出走后返家的孩子？ / 149
🎁 **好父母成功锦囊 XI** / 151

12 逆反的孩子真的没救了吗？ / 153

溺爱也会造成孩子的逆反？ / 154
孩子因受挫而逆反怎么办？ / 157
压抑型逆反的孩子要怎么引导？ / 160
面对青春期叛逆的孩子该怎么办？ / 164
🎁 **好父母成功锦囊 XII** / 168

01 孩子的交流黄金期,你知道吗?

不知道你家孩子有没有过这样的情况：容易发脾气，因为一点儿小事就生气哭闹；或者特别抗拒和陌生人接触，没有办法和小朋友相处；又或者非常黏人，只愿意围着妈妈、爸爸转……

如果孩子出现了以上说的几种情况，很有可能是，父母没有在孩子的交流黄金期，把亲子沟通的基础打好。

那么，什么是孩子的交流黄金期？在这特殊的时间节点里，父母应该怎么做？万一错过了这个时间节点，又该怎么补上这个"功课"？别着急，让我来给你一一解答。

▶ 什么是孩子的交流黄金期？

未成年孩子的成长大致要经历三个时期，也就是一到六岁，六到十二岁，十二到十八岁。十二到十八岁的时候，孩子已经进入了青春期，在这个时候，他的独立意识和逆反心态开始出现，这并不是家庭教育的优势时期。

所以，家教的最佳时期是孩子十二岁之前，我们称为"依恋期"。在这个长达十二年的依恋期里，一到六岁又最为关键。

针对依恋问题，美国明尼苏达大学少儿发育研究所的专家曾对174个孩子进行了长达十六年的考察。

他们首先考察了孩子们的家庭背景，诸如，婴儿对父母依恋的模式、孩子的自主性、孩子的自我调节能力、其家庭的整体状况，以及母爱程度等。随后，他们又考察了这些孩子在学校里的表现，考察了他们在学校环境中的适应程度，以及在数学、阅读理解、拼写等标准化考试中的成绩。结果，得出的结论令人瞩目：在孩子智商一定的情况下，对孩子学业影响最大的，竟然是孩子对父母的依恋模式。

坏的依恋模式，会让孩子缺失安全感，容易发脾气，不愿与外界产生互动，从而影响学习成绩；而好的依恋模式，不仅能让孩子正视得失和分离，还能帮助孩子在学业和未来的事业上取得优秀的成果。

▶ 如何在交流黄金期
与孩子建立良好的依恋关系？

既然一到六岁是孩子的交流黄金期，那么，父母应该如何抓住这个关键时期，和孩子建立良好的依恋关系呢？我总结了一下，有三种方式比较可行。

第一种方式，对孩子的一切表示关注。

父母的积极关注是形成良好亲子依恋的关键。

在对亲子关系的众多研究中,父母的积极关注对于依恋关系形成的重要性被提到了重中之重的位置。亲子关系强调父母和孩子之间的互动,这个过程中形成的信任、依赖和安全感有赖于父母是如何主动行动的。换句话说,父母是不是有很强烈的爱孩子的诉求和行动,是亲子关系形成、发展的重要动力。

关于这一点,我想举一个生动的例子。

我曾经担任总编辑的《少年儿童研究》杂志曾对一本书做过推荐,这本书叫作《小艾,爸爸特别特别地想你!》,它的作者是原人民美术出版社的编审丁午老师。我多次见过丁午老师,他是一名漫画家,曾经创作了连环漫画《熊猫百货商店》等著名作品,当下大人孩子都爱看的《哆啦A梦》和《樱桃小丸子》等日本漫画,也是由他引入中国的。

当年,丁午老师因为被下放到农村,在很长的一段日子里跟自己的家人分居两地,他就是通过一封封漫画家书建立了跟八岁的女儿小艾的亲密依恋关系。他对女儿的爱可以说体现在生活的每个小发现中。

书中有一封短信《手指上的小艾》,很让人动容:

> 今天爸爸在手指头上看见了小艾!你猜是怎么回事?原来,爸爸包手的布条是小艾小时候上幼儿园时的床单,那上面用红线缝了一个"艾"字,爸爸正好用了有"艾"字的布条。

可以想象,丁午老师在发现了"小艾"时,更拥有了"女儿跟我在一起"的心境。一根小小布条体现了爸爸对女儿的依恋之情，而爸爸也将这件事情原原本本地画给了女儿，想来当小艾看到这封信之时，也会有"我跟爸爸在一起"的依恋感。丁午老师在这种细微的发现中，不断建立起他和女儿之间的联结并且一点点把它加强。

丁午老师对女儿的爱，还体现在对小艾反馈信息的密切关注中。

女儿寄来照片的时候，他写道："爸爸把小艾的照片看了许多次，收到信封里，又拿出来，又收到信封里，又再拿出来……后来灯灭了（我们这里每天晚上十一点钟灭灯，跟北京不一样），爸爸还是想看，就划了一根火柴看小艾。一根灭了，就又划一根……"

此外，丁午老师尤其重视评价小艾的回信："你的信写得真好！爸爸喜欢你写的长长的信！""你一个人给爸爸写的信，已经收到了，爸爸很高兴！"即使没有收到女儿的回信，他也会对女儿说："小艾，你不给爸爸写信，爸爸一样爱你！你知道吗？"这种关切会让孩子了解自己回信的重要性，同样地，这种远距离的、只通过薄薄信纸维系的互动，也加强了父女间的依恋关系。

第二种方式，向孩子表达"我很需要你"。

孩子享受被爱，更享受"被需要"。如果可以，请明确地请孩子帮忙，让他做一些力所能及的事情，这样，他会对亲子关系更有责任感。

常常会有在外务工的父母问："我与孩子相隔两地，怎样才能够对孩子言传身教？怎样让孩子拥有良好的品德？"其实，丁午老师的这本《小艾，爸爸特别特别地想你！》为大家提供了很好的范本。

在书中几乎看不到大道理，但每一封信如果总结起来，其实都在谈论自然万物应该和谐生长，人与人之间的关心和友爱，劳动光

荣、苦中作乐等父母希望孩子具备的素质。这些话并没有显而易见的高深立意,却从简单、平实中给予了女儿精神上的抚养。我们可以从两封短信中窥见一斑:

> 　　有一天爸爸正在盖房子,把一大块一大块的砖扔到高处去。忽然爸爸手没有力气了,腿也软了,头也疼了,可爸爸还继续干。到了休息时间,跑回宿舍,一量体温,哎呀,39.7℃了!
>
> 　　爸爸病了!不能干活了!爸爸躺在了床上!
>
> 　　……
>
> 　　张伯树伯伯一夜没有睡觉,把冷手巾放在爸爸头上……
>
> 　　爸爸病了,许多叔叔阿姨都很关心。你看桌子上都是他们送给爸爸的东西,有咸鸭蛋、罐头橘子、挂面、香油、红枣、橘子、苹果、奶粉、虾米、大头菜……许多好吃的东西,这些东西在黄湖是买不到的。爸爸枕头底下还有好多好吃的糖。你看叔叔阿姨们多好啊!
>
> 　　……
>
> 　　你也要像叔叔阿姨们那样,在别人有困难的时候去帮助别人,好吗?
>
> 　　爸爸病好了,就把两只苹果送给了一个生病的小孩子。

丁午老师还会在给女儿的信中,拜托孩子为他做一些事情,在无形中培养了孩子的责任感:

> 妈妈病了，小艾要多帮妈妈做事情，让妈妈好好休息！小艾要给妈妈倒开水吃药。
>
> 给爸爸做几件事：
>
> ①爸爸画的一本画放在衣柜上面，你把它收到皮箱里。
>
> ②爸爸给你做的小木头鸟在放爸爸东西的抽屉里，你把它放在你的铁盒里，别弄坏，别丢了。
>
> ③爸爸刮胡子、刷肥皂的刷子等下次有人来时给带来。

即使在生活条件比较差的情况下，父母对孩子的教育和爱也不会因为时间、距离的远隔而生疏无力。无论你是否在孩子的身边，这种温暖而生活化的沟通和关爱，都会让孩子体会到爸爸妈妈对他的用心。

第三种方式，给孩子营造安稳的成长环境。

人在幼年的时候，最重要的需求之一就是安全感。对一个幼小的孩子来说，熟悉的环境、慈爱的父母、亲切的伙伴，更容易让他形成阳光、健康的心理。

当孩子对一个地方或一个人产生依恋时，他就会对这个环境表示理解，表达爱意。这种外部环境的建设，对于建立良好的依恋关系有很大的作用。

父母无法对大的社会环境进行改造，但是可以考虑对自己家的微环境进行改造，给孩子营造稳定、安全的生存环境，让孩子在这

个环境里觉得放心，对这个地方有归属感，而不是惶惶不知所措。其实，拥有稳定、安全的生存环境，对于任何年龄的人来讲都是重要的。

下面这个案例中的父母就做得很好：

> 周日上午，我散步到附近的一个小摊吃早点。小两口是外地人，他们租赁临街的两间房子做生意。
>
> 由于已快到中午，买早点的人已很少。吃罢，我刚要离开，忽然看到一个十岁左右的小女孩从屋里跑出来，举着书本问："妈妈，这个故事讲的是什么意思？"女摊主看了好一会儿，然后面带歉意地对我说："你帮忙看看，给孩子讲讲，我和她爸都没多高的文化。"
>
> 由于太阳高照，天气很热，女摊主客气地把我让进屋里，倒了一杯水。我惊奇地发现，面积不大的两间屋，收拾得非常整齐。书桌放在一个角落里，旁边用橱柜等家具隔开，心灵手巧的主人还做了一个门帘。书桌上放着一盏明亮的台灯，旁边是一个书架，密密麻麻地摆放了许多书。
>
> 我到过不少人家，也包括外来务工者的家。一般而言，家里往往杂乱无章，没有供孩子安静读书的角落。家里的饭桌一收拾就让孩子趴在上面写作业，书桌紧靠着大人的牌桌，孩子读书与父母看电视共存。不仅如此，不少父母基本不读书。他们为生计而忙碌，闲下来只会看电视、打牌、玩麻将，这样的生活，对孩子的影响可想而

知。而这个女摊主却给女儿营造出相对安静的学习环境，引起了我的好奇。

我仔细看着孩子递来的书，认真地讲着，听后孩子开心地笑了，女摊主抹了一把脸上的汗水，也露出了笑容。随后，我们闲谈起来。

"我和她爸因为上学少，吃尽了苦头，不能让孩子再走我们的老路。因而我们想方设法，把女儿从老家接来在城市读书，宁肯我们多吃点儿苦，也要为她创造好的学习环境。书桌是从旧货市场买的，书架是邻居送的，她爸又重新整理过。书既有孩子自己买的，也有邻居及好心人送的。晚上，我们很少看电视，经常陪着孩子一起读书看报。可惜我们文化水平有限，孩子提出的问题常常解答不了。这不，今天你给帮忙了。"女摊主高兴地说。

我敬佩地说："能有你们这样称职的父母，孩子一定会快乐成长，一定会行路长远。"她摆摆手，谦虚地说："我只想给她一张安静的书桌，让女儿不仅爱读书，也让她知道，爸爸妈妈也特别爱跟她一起读。"

走在路上，女摊主的话还在我耳边回响。是呀，爱孩子，不妨从一方独立的空间、一张书桌、一个书架、一盏台灯开始吧。

——选自《少年儿童研究》2013年第23期
《只想给她一张安静的书桌》，叶素琪

所以，咱们如果爱孩子，不妨像上面这个女摊主家一样，从一个独立的空间、一张书桌、一个书架、一盏台灯开始吧。

以上我们说的是，在孩子的交流黄金期，如何建立良好的依恋关系的三种方式。有的读者可能会问，我的孩子刚过了交流黄金期，现在已经进入青春期，开始逆反了，怎么办呢？

▶ 后交流黄金期，如何与孩子相处？

如果说，孩子十二岁之前，亲子相处的关键词是"近"的话，那孩子十二岁之后，亲子相处的关键词就是"远"了。

孩子进入青春期后，父母的权威下降，同伴的影响力上升，父母的观点不容易被孩子认同。初中的孩子，思维方式开始转变，更喜欢去怀疑和争论。而且，因为孩子缺乏深思熟虑和深刻体验，他们会对流行的时尚信息抱有执着的态度。这些变化，都会让他们更容易和父母针锋相对。

在这个时期，亲子关系的建设重点也要有所转变，无微不至的悉心照料和问候可能引发青春期孩子的反感，破坏已经建立的亲子关系。在这个阶段，父母处理与孩子之间的关系的最重要原则是尊重，尊重的方法之一是要学会倾听。

孩子叛逆是他长大的需要，叛逆过程中有可恨的东西存在，但往往也有合理的东西存在。倾听孩子为什么这么做，让孩子学会表达，然后帮助孩子分析，养成民主的家庭氛围最有利于孩子成长。

比如，有的孩子上了中学后不愿意听父母当面说教。这个时候，父母可以尝试给孩子发一条短信，或者写一封信。因为写过《16岁的思索》和《握手在十六岁》等报告文学和长篇小说，我曾经收到几万个少男少女的来信，他们中有些甚至与我成了忘年交。

有个女生告诉我，她高一的时候参加社团活动后，与一个男生不知不觉走到了一起。两个人有说不完的话，有一天竟然聊到晚上九点多，这是她第一次感受到来自异性的巨大吸引力，也是她第一次回家这么晚。一进家门，坐立不安的爸爸妈妈就劈头盖脸地对她进行盘问和训斥。她先是撒谎应付，随后就抱着"打死也不说"的倔强劲儿，要为自己挣自由。直到第二天早晨，她也没和爸爸妈妈说一句话。第二天放学回家，家里气氛依然沉闷，她回到自己房间，插上门，发现床头有一封妈妈写的长信，足足四五页啊。妈妈在信里没有一句责备的话，却讲起自己在青春期的亲身经历，讲起闺蜜们的坎坷故事。她真是头一回知道这些秘密啊，的确被震撼了。妈妈写在信中的一些忠告如沁人肺腑的甘露一样，她心悦诚服地接受了。但是，她不想马上表现出退却的模样，所以并没有和妈妈说一个字，仿佛根本没有收到她的信，而妈妈也好像什么事都不知道似的。直到好多年后，她快要结婚的时候，才跟妈妈吐露实情，妈妈却说她知道，她相信自己的女儿。那一刻，她与妈妈紧紧拥抱，泪如泉涌。

另外，有关孩子发展的事情要特别尊重孩子的选择，凡是孩子能做的事情，父母不要替他去做。北京有个女孩小学毕业时，不想去重点中学，一心想进一所专业学习日语的普通中学，遭到妈妈的

反对。她妈妈说："我是学日语的，又做了多年的翻译，我还不知道学习日语的短处吗？世界上用日语的国家太少了，你学了日语有什么前途？"因为家里比较民主，所以这个女孩期待着爸爸的支持。果然，爸爸说："日语的确没有英语用途广泛，但中日交流会越来越多，如果学好日语，也会大有前途。况且，咱家有学习日语的优势，女儿如果下定决心，可以支持！"于是，这个女孩如愿以偿考进了专业学习日语的中学，不但日语学得好，还积极参与了中日交流的修学旅行活动。她先是邀请三个日本女中学生来家里寄宿，自己也用了两个暑假的时间去日本女中学生家里寄宿。最令人意想不到的是，她后来成了长驻日本的记者，为中日友好交流做了许多工作。她妈妈看在眼里喜在心里，也越来越欣赏女儿的选择了。

　　教育孩子的前提是了解孩子，了解孩子的前提是尊重孩子。没有尊重很难有有效的教育。而且要理解孩子，一定要站在他们的角度上去想问题，千万不要用成年人的思维去推断。

　　与青春期的孩子保持一定距离，才能加强亲子关系的建设。给青春期孩子足够的空间和尊重，让他们去体验、去反思、去觉醒，他们才能够体会到因为行动带来的成就感，并且从中感受到父母对自己的尊重。这种理解和尊重的关怀对于青春期的亲子关系建设非常重要。

好父母成功锦囊 1

孩子十二岁之前，特别是一到六岁的时候，是亲子交流的黄金期。

▼

在孩子的交流黄金期，父母应该做到：给予孩子足够的关注，及时表达对孩子的需要，以及尽量给孩子营造安稳的生活环境。这样才能建立良好的亲子依恋关系。

▼

十二岁之后，孩子进入了青春期，这时候亲子关系的建设重点变成了尊重孩子和与孩子保持距离，让孩子有足够的空间自由成长。

02 怎么给孩子自信,决定了他的未来!

如果有人问我儿童最需要培养的品质是什么，我会回答：自信心、兴趣和习惯，我认为这是最重要的儿童教育目标。没有浓厚的兴趣，就没有成长的动力；没有良好的习惯，就没有成长的保障；而兴趣与习惯都离不开自信心这个基础。或许可以说，孩子是否有自信心是教育成败的根本标志，因为自信乐观的孩子才会充满希望。

▶ 怎样才能
让孩子拥有自信呢？

首先，作为父母，我们要发自内心地接纳孩子。

儿童时代，往往是孩子最容易自卑的时代。你可能会觉得奇怪，天真烂漫的孩子，为什么会容易自卑呢？

因为儿童时期，很多事情不能靠自己独立完成，他们对大人充满了敬畏。并且，很多时候，我们看到孩子犯了错，可能下意识就是批评和否定。但其实我们需要做的，是在孩子沮丧、失败的时候，无条件地站在他们身后，接纳他们。

我的好朋友蒋佩蓉是美国麻省理工学院中国总面试官，她在作品《佩蓉的妈妈经》中，分享了一个典型的案例：

有一天晚上，我做了一个梦，梦见凯文走在一条大水沟里，满脸疲惫，好像已经在水沟里走了很久，全身又湿又脏又臭。好在他很快就要走出水沟了，我看见水沟出口的顶上是一片蓝色的天空，太阳正冉冉升起。很快，画面一转，我又看见凯文坐在一片沙滩上，沙子像雪一样白，湛蓝的海面波平如镜。凯文闭着眼睛，神情安静。

第二天，我把这个梦告诉了我先生和凯文。我和先生问凯文，最近是否觉得压力比较大，因为他快要申请大学了。凯文的反应让我们大吃一惊：他冲进房间，把门关上，倒在床上放声大哭！

哭完后，他终于出来了，和我们说，他已经在水沟里走了很久，也很累了。两年来，跟他一起玩音乐的朋友周五晚上常去三里屯酒吧街玩，而且每次都请他一起去，因为他在学校里带领了两个受欢迎的乐队。

凯文知道，我们不会支持他去酒吧，可是又顶不住朋友的盛情邀请，就干脆不问我们。等我们都入睡后他从二楼的房间爬窗户出去，到三里屯找朋友，跟朋友喝完一杯烈酒后马上返回，趁我们还在睡觉的时候，从窗户爬进房间睡觉。

就这样，他这两年偷偷溜出去好多次，每次回来他都很内疚，决心再也不去了，可禁不住同学的多次邀请，又想办法去了。我们以为他平时学习很累，就让他周六早上多睡一会儿，从来没想过他会有什么事瞒着我们，因为我们跟凯文的关系一直很好，无话不谈。有一年过完暑假，他问我们可不可以让他每隔几个星期去一次三里屯，和朋友们聚聚。因为他做事一向很有原则，我们相信他能够拒绝喝酒，就同意了。

听到这个消息，我失望透了。凯文曾跟我们说过他是怎样在聚会时拒绝喝啤酒的，我一度为此感到欣慰，没想到，他虽然讨厌啤酒的味道，却喜欢喝威士忌！我觉得自己真是太失败了，哪有什么资格跟别人谈育儿经验！可与此同时，我心里又充满了感恩，想不到因为我做的梦，竟让凯文说出了埋藏在心里很久的秘密。

我跟先生几乎同时上去拥抱了凯文，让他在我们怀里痛快地哭。我问他："憋了这么久，终于可以说出来，是不是舒服多了？"他使劲点头，笑了。我叹了口气，说："全世界最可怜的人就是明知道不对却抵挡不住诱惑的人，因为他知道是非，无法痛痛快快地享受做这事儿的快乐，他会一直受到良心的谴责，就像在水沟里挣扎却走不出来。"凯文告诉我们，他还是有自制力的，到酒吧就是为了跟朋友聚在一起，并且酒水很贵，他心疼自己赚来的辛苦钱，每次只喝半杯到一杯。

我问凯文还有什么事情我们不知道，他回到房间，拿出两瓶价格昂贵的烈酒，说是同学送他的生日礼物。我们

> 问他想如何处理，他说，虽然心疼，但他乐意跟这两瓶酒告别。于是，他把它们全倒进了水槽。就这样，说开了的秘密，跟那两瓶酒一起被冲走了。
>
> 这时，先生再次跟凯文强调我们的原则："凡事我都可行，但不都有益处；凡事我都可行，但无论哪一件，我都不受它的辖制。"我们担心的是凯文把握不了喝酒的分寸，并且，最让我们失望的是他不信任我们，没有请求我们的允许。这已经伤害了我们和他的关系，因此，他需要花一些时间重建我们之间的信任。

如果你是凯文的家长，当你发现了儿子的这个行为，会怎么办呢？会指责和批评孩子，还是表达对孩子的失望？

在这个案例中，这对父母，几乎同时上去拥抱了凯文，让他在大人的怀里痛快地哭，把憋了这么久的秘密说了出来。其实，一个人撒谎的根源是恐惧，就像凯文害怕被父母知道自己去酒吧的行为，但在良心的谴责下，他会感到内疚和羞耻，所以想尽量掩盖这个错误，不让它曝光。这样一来，反而容易把事情越瞒越久，直到失去控制。

如果他知道即使自己犯了错，身边的人还是会爱他，接纳他，他就会有勇气承认，并且愿意承担后果，重新再来。

但是，接纳不等于纵容。后来，凯文的父母也明确告诉他，他们之间还需要花一点儿时间来重新建立信任。父母在接纳孩子的同时，要告诉他对错的标准，引导他做正确的事情，哪怕他会因此受

到其他人的嘲笑。我们对是非标准决不妥协，但我们也要让孩子知道，即使他犯了错，我们也仍然爱他，愿意给他改过的机会。

其次，作为父母，要让孩子相信自己是个好人。

可能你会觉得奇怪，孩子难道会认为自己是坏人吗？

事实的确如此，因为小孩子没有客观的自我评价能力。

一些父母在孩子犯错误的时候，会有意无意说出一些负面的评价：

"你真是猪脑子！"

"简直就是榆木疙瘩脑袋！"

"我算是白养你了！"

"你将来连扫大街的工作都找不着！"

……

也许说者无心，但是孩子听了，很有可能就记在了心里，并且认为自己就是这样的人。

有一次，我在广州讲完课，一位校长就讲起了他的遭遇。有一天他在出租车上，出租车司机得知他是老师，情绪特别激动，说他这辈子最恨的人就是老师。当年有个老师说他笨，挖苦他，还讽刺他的父母、亲人，这样的评价让他没有心思好好学习，也没能考上理想的学校，最后只能来当出租车司机。他说如果现在看到那个老师，他还是很恨他。

听到这里，这位校长都惊呆了，因为这个司机看起来已经快四十岁了，对童年时期的老师却依然充满着仇恨。设想一下，如果当年老师要是没有这样挖苦他，也许这个司机师傅今天会有不同的人生。

我们知道，教育的核心是培养健康人格，而健康人格有一个重要含义叫作"自我概念"。简单理解就是，你认为你是个什么样的人，你就会是什么样的人。你认为你是个好人，你就会像好人一样生活；你认为你是个坏人，你就会像坏人一样生活。

所以，我们作为父母，就有必要也有责任让孩子相信自己是个好人，是个聪明的人，是个有希望的人。

当然，我们所说的，让孩子相信自己是个好人，并不是说完全不能批评孩子。我的一个观点是：没有惩罚的教育是不完整的教育。但是明智的父母，首先会看到孩子的优点，而不太明智的父母，满眼看到的都是缺点。

▶ 怎样才能充分发掘孩子身上的优点呢？

说到如何发掘孩子的优点，在这里，我有三个方法可以送给大家。

第一，不用侮辱性的字眼批评孩子。

在现实生活中，有些父母过于挑剔，总是对孩子处处不满，孩子稍有闪失则絮叨不停，对孩子身上的优点却视而不见。他们在批评孩子时甚至训斥责骂，话语带有极强的侮辱性，极大地伤害了孩子的自尊心、自信心，最终导致了亲子间的冷漠和相互仇视。

我曾以开玩笑的方式给过家长们一个忠告：如果你能发现孩子

身上有十个优点,你就是优秀的父母;如果你能发现孩子身上有五个优点,你就是合格的父母;如果你在孩子身上连一个优点都发现不了,你就该下岗了。

从事教育和研究工作四十多年来,我接触过数不清的孩子,我可以十分肯定地说,至今为止,我还没有发现一个没有优点的孩子。

但有的父母会不以为然:"和别人家的孩子比,他差远了,我怎么表扬他呀?"我非常理解父母对孩子的高度关注,关键问题是你关注的是什么。如果你关注的只是孩子的缺点,那么你传达给孩子的肯定是消极的信息;如果你关注的是孩子的优点,那么,孩子接受的信息就是积极向上的。建议父母从现在开始每天发现孩子一个优点,不久以后,你会发自内心地对孩子说:"好样的!"

有的父母在训斥孩子时说出一些侮辱性的话,往往也是一时冲动,过后常常会后悔。这样的父母不妨给自己立一个规矩:要管孩子先管心情,情绪激动要发怒时先数数,从1数到10,如果不行就增加到100。数数的过程就是一个让自己冷静的过程,父母只有理智地去面对,才能避免因说出伤害孩子的话而后悔不已。

对于孩子粗心造成的错误,父母可以与孩子一起分析原因,并提醒他下次注意,让他真正意识到自己的错误。另外,当孩子已经意识到错误而感到愧疚的时候,父母不宜再雪上加霜地教训孩子,这样反而会使孩子反感。请记住,提醒孩子并且帮助孩子,才可能让他心悦诚服地改正错误,取得进步。

第二,不给孩子贴负面的标签。

父母一定要相信自己的孩子是好人,真正的教育是唤醒孩子心中沉睡的巨人。

我所说的"相信孩子好",并不是虚情假意,是真的相信孩子好。孩子就算做了错事,他本质上也不坏,也没有那么狡猾,那么恶劣。小孩的冲动是有限的,他顶多就是恶作剧,或者不明事理等。所以一定要强化这个意识,如果你越让孩子相信自己是个好人,他就越有可能改正错误。千万不能让孩子破罐子破摔,你说他是坏蛋,他就真的给你当坏蛋。

这里,我来说一个案例。

一个男孩,大概在小学五六年级的时候,上课时突然抓起同桌女孩的手亲了一下。那个女生嚷了起来:"老师,他耍流氓。"老师就在班上训斥了他:"你怎么这么流氓啊,大庭广众之下侮辱别人。"说得这个男孩头一下子就低下了。然后,同学开始叫他"流氓",后来,"流氓"就成他的外号了。

这个孩子长大以后,变得很难跟女孩正常地沟通交往,并且有了性犯罪的行为。这种现象在心理学上叫"贴标签"。就像案例中的男孩,别人说他是个流氓,这就给他贴了个标签,他心里就觉得自己确实是流氓,是流氓就不能跟女孩保持正常的交往关系。我是流氓,我就得用流氓的方式来满足自己的需要。大家想想看,这对人的伤害有多大啊!所以,我们特别要注意,不要给孩子贴负面的标签。

自改革开放以来,中国的法律有了许多调整。例如,如果孩子偷拿家里的钱,虽然是错误行为,但是如果数额不是特别大,情节不是特别恶劣,就不会被认定是犯罪。可是在过去,偷东西,偷钱,价值超过1000元,量刑是很重的。从这一点来说,我觉得,我们国家的法律越来越以人为本了。孩子偷拿家里的钱当然是不对的,但他可能是觉得,反正是自己家里的钱,不是别人的钱,偷偷

拿了也没关系。

孩子拿别人的东西固然不对，拿别人的东西必须要经过别人同意，但是我们不宜叫他"小偷"，不能随便贴上这样定性的标签。

孩子犯了错误，你要就事说事，千万不要说：是啊，我看你从小就不学好，你从小就是个坏孩子，我都记着呢！你去年怎么回事，前年怎么回事，你一向就是坏孩子……这就是给他贴标签，而且贴的不是一个，是一串标签。这样，孩子就会觉得：我完了，既然完了还在乎什么呢？

没有什么比孩子自己都相信自己是个坏蛋更可怕。所以说，孩子犯了再大的错误，你也要相信他本质上是个好孩子，要鼓励他承认错误和改正错误。

第三，帮助孩子反复成功。

过去我们总是说"失败是成功之母"，实际上成功更是成功之母。你想想看，你老是说孩子的缺点，孩子看见你就条件反射，一见了你就知道你要训他，一见了你就产生一种抵触情绪，一见了你就产生戒备，这还能有好的教育吗？肯定是不可能的。

让我们一起来看看以下两个母亲的做法。

> 母亲甲：我的小孩刚上一年级。他小时候我没有带过他，去年才开始管他，也就是上学以后才管他。他跟着他奶奶长大的，刚开始的时候，自信心不是特别强。我觉得，改变是从一点一滴开始的，所以在这一年多里，我从各个方面来改变他，教育他，让他增强自信心。

以前，他没有信心去学好一件事，比如画画。他很喜欢文艺方面的东西，像画画啊、跳舞啊，但是他以前一点儿信心都没有，老是说："妈妈，你看人家孩子都去画画，你能让我去画吗？"我说："你当然可以去画啊！""可是我特别没有信心能学好它。"他总是跟我这么说，后来我就说："你一定要自己建立这方面的信心。"

在这一年多里，我不断从这方面去鼓励他，他自己也增强了这方面的信心，他的画在今年北京西城区的绘画比赛中，获得了一等奖。获奖以后，他就更喜欢画画了，而且特别迷恋这个东西。所以我觉得，他的成功一方面增强了我的自信心；另一方面，对他来说，他也是信心十足。他说："妈妈，将来我能在画画方面有所成就。"

我说："你要是能坚持下去，以后就肯定有成绩。"现在我的孩子在各个方面都挺好的，都发展起来了。

母亲乙：我的孩子是二年级的男孩，他平常做事比较规矩，自己的事能自己做，而且自己的事做得非常好。外人看来，这个孩子教育起来比较省事一点儿，但是我也发现他有一些问题，例如心理上的问题。

以前我跟他相处并不是那么融洽，可能因为我俩的年龄相差太大等原因吧，在一些事上经常发生争执。后来经过很多事情之后，我发现，孩子的心理成长对我也产生了一些影响。

> 前阵子，我带他去洛阳玩。乘火车回来的时候是白天，我就说："白天坐火车真浪费时间，等于浪费了那么多时间在路上。"可是他就跟我说："妈妈，虽然是白天，但是咱们还能看到好多美好的景色呢！"当时我就觉得，孩子看问题的角度跟大人并不完全一样，这让我感悟良多。在他看来，好多事都是那么美好，但在我们大人看来却好像跟他想的不一样。所以对我来讲，孩子的成长对我也是一种鼓励，我是这么认为的。

第一个妈妈做得非常好。孩子的心理健康是在体验中得来的，不是说你夸他"你真好，你真棒"就行了，你说这些话只是精神上的安慰，他真正相信的时候，一定是他看到自己的体验获得了成功的时候。培养心理健康的重要方法是让孩子体验到成功，反复成功的孩子会越来越好。

第二个妈妈感悟得很好。不要以为孩子的心理天生就是有问题的。比如，妈妈说：哎呀，白天浪费时间了；而儿子说的话就很接纳自己：白天还能看到美好的风景啊！孩子能看到积极的一面，这就是一种接纳：没关系，不浪费，还可以看很多风景。父母要特别珍惜孩子这种健康的心理。这个孩子说得对，他很乐观，乐观的人容易自信，乐观的人会不断地奋斗。

反复成功的孩子，往往会形成正向的循环，变得越来越有自信，所以，作为父母，当我们发现孩子的每一次进步，都应该给予鼓励，尽可能多地让他拥有成功的体验。

好父母成功锦囊 II

信任是父母给孩子的珍贵礼物，是成长的一种重要动力。当孩子得到信任后，就会有一种底气，这种底气会产生一种向上的推动力，让孩子变得越来越好。

▼

要让孩子拥有自信，首先，父母需要发自内心地接纳孩子；其次，要让孩子相信自己是个好人。

▼

要想充分挖掘孩子身上的优点，方法有三：给孩子积极的评价，不用侮辱性的字眼批评孩子；不给孩子贴负面的标签；激励孩子反复成功。

03 什么样的家庭能养出好孩子?

我第一次见到蒋佩蓉全家是在北京四中，最难忘的是他们全家组成了一支乐队登台演出，这使那天的活动达到了高潮。她的先生林为千、大儿子林凯文、二儿子林凯恩、三儿子林凯安各司一种乐器，作为母亲和唯一的女性，蒋佩蓉负责弹琴兼指挥。

我感受到了前所未有的震撼，这是爱的震撼，是美的震撼，是和谐的震撼。我在前文提到过，蒋佩蓉是美国麻省理工学院中国总面试官，可是事业的成功未必会有家庭的幸福相伴相随。试想，有几个家庭可以组建一支乐队？又有几个家庭可以进行旋律美妙而又气势磅礴的演出？

蒋佩蓉有一个童话般的美好家庭。她所持的教育观点给我留下的第一印象就是在家庭教育中夫妻关系第一。"从孩子们很小的时候起，为了更好地经营和维护我们的婚姻，我们两人会找时间外出约会。通过约会，我们讨论彼此的差异，解决彼此的冲突，使夫妻关系日益紧密。我们深知，充分的沟通能让男人懂得如何宠爱他的妻子，让女人学会如何尊重她的丈夫，而坚固的婚姻正是健康家庭的基石。"

事实上，和谐的家庭关系要归功于和睦的夫妻关系。可以说，良好的夫妻关系是孩子幸福一生的基石。为什么这么说呢？

▶ 孩子的安全感从哪里来？

孩子的安全感，来源于和父母建立安全的依恋关系。有了这样的安全感之后，孩子会敢于积极地探索外面的世界，而缺乏安全感的孩子，就很容易出现心理上的问题。

有研究表明，夫妻之间如果关系紧张，经常争吵，就会影响孩子的阅读、理解、计算和逻辑思维能力。这样一来，孩子的能力就会比同龄人差，这就更容易出现焦虑、自卑、压力大等心理问题，严重的还会出现社交障碍，甚至出现暴力倾向。

2014年10月，湖南卫视推出了一档令人耳目一新而又牵肠挂肚的节目《一年级》。通过《一年级》这个窗口，我们可以充分观察惊心动魄的儿童生活。节目组在征得小学生的父母与学校同意后，安装了一百多个摄像头，二十四小时拍摄孩子们的生活，因此有了许多意想不到的发现。

节目播出到第三集，马某某无疑是最引人关注的孩子。在我看来，马某某是众多孩子中想做到最好、最渴望得到认同的，但是为什么最终却成了制造问题最多、同学们最不喜欢，也最让老师们头疼的孩子呢？根本的原因或许就在于他的内心缺乏必要的安全感和价值感。

心理学研究发现，内心缺少安全感的孩子往往具有很强的攻击性，而马某某在节目中无疑是攻击性较强的孩子，他的攻击性体现在语言和肢体动作两个方面。他在第一期节目中就骂同学是"傻瓜""哭脸巴""一群笨蛋"，甚至在医务室大骂老师是"丑八怪"；在肢体动作上，他经常与同学争夺东西，打斗。在第三期节目里，他还用擀面杖把李昊煜的头打出了一个包。从表面上看，他蛮横霸道、盛气凌人，实际上他的内心却是弱小和不安的，最直接的体现就是在第二期节目中，在上语文课时，马某某头上套着个塑料袋子，而他的理由是害怕同学偷袭他。当马某某总是带着这种警惕的目光与周围同学相处时，就容易认为别人是不友好的，是要伤害他的，他需要通过攻击别人来保护自己，消除自己的潜在危险，这其实就是缺乏安全感的表现。

马某某的内心缺乏价值感，同样是导致他成长问题的心理原因，他在这方面的表现也很明显。比如，在第一期节目中找宝藏时，他把自己弄丢了，就一直在说："我已经输掉了，别人都找了很多样了。"在第三期节目中当小老师时，他忐忑不安地说："反正也没人与我同队……""蠢死了，果然跟我一样……"这都是不自信、觉得自己无价值和不够好的表现。这种无价值感也促使他产生了争强好胜、事事都要赢的心态，因为他需要用各种成功来填充内心无价值感的空洞，所以他才畏惧失败，计较得失。

马某某为什么会出现这样的问题呢？除了他先天气质特点的因素外，我们更要关注他的家庭教育问题。在节目中，马某某的妈妈讲过，在儿子刚出生一年多的时间内家里换了六个保姆，这其实是一件严重伤害孩子安全感的事情。因为安全感需要稳定的依恋关系和依恋对象，而保姆像走马灯似的换来换去，孩子不断经历着与熟悉保姆分离的焦虑和适应陌生保姆的痛苦，如何能建立起安全感？

马某某的妈妈把换保姆的原因归结于孩子的调皮，而真实的原因可能是她自身就是一个缺乏安全感的母亲，这很容易导致她不信任保姆，正如她怀疑班主任陈学冬不喜欢自己的儿子，肯定会抛弃他一样。

同样，马某某无价值感的问题也能从他母亲的身上找到影子。比如，在第三期节目中她情绪失控地指责陈学冬，她是知道马某某存在的问题的，却接受不了实习班主任陈学冬直白的言语。正如她所讲："你的表达方式……让我们觉得在你面前都抬不起头来……"马某某平时的表现其实同妈妈一样，当他受到挫折、经历失败或被人否定后，往往会表现出愤怒、攻击、情绪失控等行为。

尽管网上很多人都不喜欢马某某的行为，但是我们需要知道他的内心其实是慌张和弱小的。令我感触最深的是他在第三期节目中当小老师时忐忑地说："我只会讲吓人的故事……"一个只会讲吓人故事的孩子，内心该有多少恐惧感啊！

在现实生活中，存在很多与马某某一样的孩子，他们都需要被理解，被共情，被给予正确的爱和教育。

▶ 如何帮助孩子
建立安全感？

这就要求父母能够感受、理解孩子的内心需求，并且做出积极

回应。

在和睦家庭中成长起来的孩子,有稳定的安全感、归属感,性格乐观、自信、诚实,遇到困难都会采取积极的应对方式。而父母关系紧张,家庭矛盾多,甚至家庭关系破裂的孩子,则可能缺乏温暖、温馨、快乐、幸福等内心需求。

中国农业大学心理素质教育中心主任施钢老师在接受《少年儿童研究》杂志专访时,专门谈到了"不要做情绪失控的父母"。

施钢老师给出了以下的观点。他认为:"孩子出现状况,第一,要弄清楚我们为了谁。孩子被老师批评了,我们去批评孩子,这时候,就不完全是为了孩子。大人的面子受到损伤之后去向孩子发泄自己的情绪,实际上往往是为了自己。这时候的父母情绪很容易失控,令自己越发生气,使孩子受到惊吓。本来孩子的问题并不见得有多严重,却给父母本人带来了困扰。所以,父母一定要有这样的意识,不要被情绪所控制。

第二,我们不要以大人之心度孩子之腹。其实很多孩子犯的错误,都是在加上成人的道德评判标准后才变得严重起来的。孩子犯错,其实就是两个原因:一是好奇,没有尝试过某个行为,他想去尝试一下;再一个就是模仿,他看到别人这么做了,他觉得好玩。而成人想得可能比较多,会去考虑这个错误将给孩子的成长带来哪些弊端。父母想得多了,就会觉得问题更严重了,因此会出现情绪失控、大发雷霆的情形。"

施钢老师还讲到了他亲身经历的一个例子:

"有一次,儿子考试考得不太好,我太太就对我发脾气。我说,你发脾气有可能是在送孩子的时候遇到同事,知道了同事孩子的成绩。人家孩子的成绩好，你觉得面子上挂不住了。后来一问，果然是这种情况。所以在小学阶段，不要太关注分数和答案，而是要让孩子养成好的学习习惯。不要总是盯着孩子的成绩，看考了第几或者是错了多少题，要主动和孩子沟通，不要太在意自己的面子。"

施钢老师就是从"父母要有良好健康的心理状态"的角度，去阐释如何解决孩子在成长过程中遇到的问题的。冷静分析和客观理解比大吼大叫的教育效果肯定要好，因为孩子一旦感受到父母心里的焦虑和紧张，往往就不再关注问题本身，转而关心父母的情绪，这对孩子成长为一个成熟的人是不利的。在情绪失控时，父母过激的语言、过激的行为乃至大声的争吵，都会让孩子受到惊吓，影响孩子安全感的建立。

▶ 什么才是父母
送给孩子的最好的礼物？

一个家庭中夫妻关系的状态，会在孩子的大脑中留下印记，影响他将来对待异性的方式，以及对待婚姻的态度。如果父母的相处模式给孩子留下的是"战争""冷暴力"的记忆，也许他会再次延续父母的不良相处模式，这就是原生家庭对婚姻的影响。

2007年7月，美国《婚姻与家庭》杂志上介绍的一项研究显示，一个人离婚的倾向主要由父母的婚姻状况决定。从一定程度上讲，子女常常会复制父母的婚姻状况。

研究人员对2300对双胞胎及他们的配偶和成年子女进行了调查，结果发现，家庭环境是离婚行为背后的重要原因。父母离异的人，其婚姻失败率是来自稳定家庭的人的两倍。领导该研究的美国印第安纳大学心理学家布赖恩·诺费奥表示："一个人的离婚概率之所以增大，约66%应归咎于其父母离异这一事实。人们对待婚姻的态度往往来源于父母对待婚姻的观念。"

父亲是孩子认识的第一个男人，母亲是孩子熟悉的第一个女人，爸爸妈妈作为夫妻让孩子深刻地感受到了什么叫爱情和婚姻。所以说，夫妻关系是最深刻、最持久的性教育，也是孩子最重要的两性生活的榜样，会对孩子未来是否能拥有幸福的家庭生活产生巨大的影响。

夫妻和睦是给孩子的最好的礼物，父母的首要任务就是为孩子做出榜样。父母如果给孩子做出好的榜样，孩子会终身受益；父母如果给孩子做出坏的榜样，孩子会终身受害。

一个母亲回忆说："我小的时候曾经问我爸爸，您给我的最好的礼物是什么？"爸爸想了想说："我给你们的最好的礼物，就是永远爱你们的妈妈。"她一开始还不太懂爸爸的意思，后来在生活中逐渐体会到了这句话的分量：爸爸爱妈妈，妈妈爱爸爸，是这个家庭能得到稳定和温暖最重要的原因。孩子就像小鸟，窝都不存在了，还会有安全感吗？

孩子是看着父母的背影长大的，孩子会从对父母关系的观察中去思考什么是爱情和婚姻，什么是生活和社会，这远比一般的说教重要。

▶ 夫妻关系对孩子成长的影响有多大？

恶劣的夫妻关系，会摧残孩子的身心健康，而融洽的夫妻关系最有利于孩子成长。家庭的最本质含义，就是建立和谐的夫妻关系；孩子最可靠的保障，就是父母关系和睦。

2014年10月15日，一段最初被取名为"如果这个是你的老婆你会怎么做"的视频，出现在国内多个知名网站上，最后又在微博上广为流传。在这段五分钟的视频里，一个四五岁大的孩子站在墙边，一个女子拿着一根小竹条边骂边抽打孩子，伴随着"啪啪啪"的响声，女子实施了一系列骇人听闻的行为：竹条抽身、巴掌打脸、脚踹头……在微博上，大家都在谴责该女子虐待孩子的行为，同时怀疑这样凶狠的行为怎么可能出自孩子的亲生母亲之手，纷纷呼吁警方尽快找到并解救这个孩子。

这段视频也引起了警方的重视，后来无锡警方在某街道的租住屋内找到了这个女子和被打的孩子。让人吃惊的是，被打的孩子正是这个女子王晴（化名）的大女儿。

王晴是云南人，二十多岁，跟丈夫一起来到无锡，丈夫在外打工，她在家中看孩子。视频中被打的是大女儿，今年才四岁。那天她被妈妈暴打，就是因为不小心把大便粘到了裤子上，而她这样被妈妈打已经不是第一次了。

根据邻居的介绍，王晴的家里经常传出尖叫声，还有砸东西的声音，时常夹杂着小孩子的哭闹声。后来人们才知道，王晴的丈夫经常对她施行家庭暴力，而且下手很重。白天当丈夫上班后，王晴独自带着三个女儿时，也同样会对女儿大打出手。

"留你有什么用，还不如打死算了。"这是王晴打女儿时经常说的话。

其实在这个事件中，这个年轻的妈妈既是施暴者同时也是受害者。因为她长期被丈夫施暴，使她在教育孩子的过程中，逐渐失去理智，将自己的怒气等负面情绪不自觉地发泄到了孩子身上。恶劣的夫妻关系令她对孩子的教育方式最终走向畸形，这样的教育无疑是在摧残孩子的身心健康。

既然夫妻关系会对孩子造成这么大的影响，那么父母应该怎么去做呢？

首先，精心维护和谐的夫妻关系。一个家庭先有夫妻关系，其次才有亲子关系，所以父母在处理夫妻关系的过程中，需要以理服人，以情感人，这样才能在家庭成员之间建立融洽的关系。

其次，父母之间的相互理解、尊重是很重要的。只有懂得尊重的父母，才能教出懂得尊重的孩子，所以，父母要想培养孩子尊重他人的好习惯，就要以身示范，教会孩子如何去做。相互尊重的父母，还可以在孩子面前树立权威。相反，在孩子面前，相互贬低的父母很难赢得孩子内心真正的尊重。

特别需要注意的是，父母间如果发生冲突，要让孩子看到和解的过程。许多夫妻当着孩子的面争吵，却背着孩子和好，而许多孩子只记住了父母争吵的场景，但是不知道父母间的矛盾是什么时候解决的，因此内心一直恐惧和不安。所以，夫妻之间彼此要形成共识，不在孩子面前吵架，给孩子创造一个温馨的、安全的成长环境；如果发生争吵，那就要让孩子看到两人合理解决问题的过程和结果。

父母在教育孩子的过程中，需要做到自我的不断成长。父母在童年时的经历，会对以后自己教育子女的方式产生很大的影响。许多人不会处理夫妻关系，很可能是自己在童年时，也缺少父母恩爱的榜样，这就需要父母不断地自我成长。心理学家认为，孩子是父母最好的心理咨询师，因为在教育孩子的过程中，父母都会受到自己童年的影响，很多复杂经历和心理创伤可能会无意识地流露出来，所以父母就需要不断地反思和觉察自己的不足，不断地做到自我成长。

夫妻关系是家庭中最重要的关系，自然也是孩子健康成长最重要的保障。夫妻的行为和彼此之间的关系，成了每一个孩子必读的第一本书，因此影响深远。正如约翰·梅迪纳所说："爱老婆，就是爱孩子。"父母要先学会如何爱彼此，才能正确地爱孩子。

好父母成功锦囊 III

良好的夫妻关系能给孩子带来安全感,是孩子幸福一生的基石,也是父母送给孩子的最好的礼物。

拥有良好的夫妻关系对孩子的成长有三重意义:第一,可以培养孩子的安全感。有了这样的安全感之后,孩子会敢于积极地探索外面的世界;而缺乏安全感的孩子,就很容易出现心理上的问题。第二,可以成为孩子未来家庭生活的榜样。第三,会对教育子女的态度和方法产生巨大的影响。

04 说"不",让亲子关系更有活力!

你可能会感到好奇,好好地,为什么不顺着孩子的心意,却偏要对他说"不"呢?

原因有两个。第一,在适当的时候跟孩子说"不",有助于培养他自我控制的能力。第二,在必要的时候跟孩子说"不",父母自己也能得到成长。

下面我分开来详细说说。

▶ 为什么说"不"
能让孩子学会控制自己?

由于职业原因,我一直在接触各种各样的家庭。我发现,年轻父母是很特别的群体。这一代人小时候经历的还是传统的批评式、打压式的教育,后来,他们接触了很多西方的教育理念,因为吃过原生家庭的苦,所以他们比之前任何一代父母,都更加注重给孩子提供一个宽松的、快乐的家庭环境,因此也比上一代人更加尊重孩子,更愿意表扬孩子。

尊重和表扬当然有助于孩子更好地成长,因为良好教育的一个重要方法就是发现孩子的优点。但是,很多父母在强调尊重孩子的过程中，又走进了一个误区。这个误区，就是只会表扬不会批评、只会奖励不会惩戒的误区，在这种环境里长大的孩子，很可能会不知道底线在哪儿，为所欲为，丧失自制的能力。

我从来都不反对父母表扬孩子，教育其实就应该是一个特别重视找出孩子优点的过程。但是，表扬并不是唯一和全部，与表扬相对的批评，与奖励相对的惩戒，对于每个人，尤其是对于成长中的孩子来说，具有特殊的意义。

在我看来，只有表扬没有批评不仅起不到教育效果，反而会使孩子经不起挫折，不敢承担责任。经不起批评的孩子是脆弱的，爱孩子就要敢于对孩子说"不"。这样，孩子才知道底线在哪儿，才知道什么样的情况需要克制自己的言行。

从小对孩子说"不行"或"可以"的意义在于，让他在认识人生与世界之初，就明确什么是"不好"，什么是"好"，什么应该做，什么不应该做，让孩子拥有明辨是非的能力。

让孩子拥有明辨是非的能力，并不只是在孩子面前说出"不"字，而是要让他知道正确的事情一定要坚持，错误的事情应坚决反对。这样才能在孩子面前树立起权威。权威不是专制，而是一种人格的力量。有权威的父母能在孩子迷茫时断喝一声，给孩子指出正确的方向。

一个担任过大学校长的父亲，问过女儿这么一个问题："你认为什么是好爸爸？"当时在北大读书的女儿是这么回答的："好父亲就是90%的温柔加上10%的冷峻。"

我特别欣赏这句话，甚至我认为这几乎就是一个好父亲的公式。"90%的温柔"就是父亲要时时发现孩子的优点，并适时地鼓励

和表扬；而"10%的冷峻"就是父亲在该说"不"的时候要坚决地威严起来。

其实这个好爸爸公式对父母双方都适用，我们总是觉得"父爱如山，母爱如水"，但实际上，温柔的妈妈也要树立起自己的权威。

说到这里，我想和你分享一个我朋友的故事。

我有一个当妈的朋友，她的儿子叫小泽。有一天，小泽跟妈妈讲起了学校里刚刚发生的一件事。

小泽有个同学很霸道，一次，这个孩子打了另一个同学，被老师批评了。为了取得更好的教育效果，老师把孩子的妈妈请到了学校。

没想到，这个妈妈见到儿子正在挨批，不问青红皂白就跟老师大吵大闹，最后当着全班同学的面指着老师说："谁也不能欺负我儿子，谁欺负他我就让谁好看！"

小泽问妈妈："同学妈妈的样子太吓人了，我们班好几个同学都快被吓哭了。他妈妈都那样了，明天他还有什么脸面来见我们呀？"

听到这话，我这个朋友本来还想着怎么帮儿子消除负面影响，却发现儿子已经有了基本的是非判断力，我朋友觉得可以暂时放心了。

但与此同时，我的朋友又在分析，那个同学之所以在学校那么霸道，其实就是他妈妈错误的教育造成的。他妈妈给他树立了一个错误的权威，这就导致那个孩子失去了明辨是非的能力，不知道什么该做，什么不该做。显然，当父母失去了权威时，孩子就失去了榜样。从这一点上来说，从小对孩子说"不"确实是好父母的必修课。

然而，教会孩子分辨是与非只是第一步，还要让他们知道该"是"不"是"的时候是要承担后果的，要让孩子接受一定的惩罚，承认自己的过失并承担起相应的责任。

北京有个小女孩的父亲有件事就处理得很好。有一天，他女儿与邻家小弟弟在小区停车场玩耍，他们嫌保安员态度不好，故意躲起来模仿砸车的声音，并且做好了逃跑的准备。结果，小弟弟跑得慢，被保安员抓住了，他女儿却跑回家了。这个父亲知道了事情的原委，对女儿说："爸爸知道你是好孩子，但你是姐姐，是主要责任人，小弟弟被抓住了，你怎么能躲起来呢？"于是，他鼓励女儿敢于承担责任，去向保安员道歉，同时去看望小弟弟。他女儿明白了自己的责任，鼓起勇气去了。后来，她还写了一篇散文《那一年夏天》，记录下这个难忘的教训：做了错事就要勇于承担责任。

人们总是在经历病痛之后才能痊愈。但是这么简单的道理转移到对孩子的教育问题上，父母就容易犯糊涂，通常是在孩子犯了错误之后"草草批评一下了事"。现在的父母最容易犯的错误就是剥夺孩子自己承担责任的机会，而去代替孩子承担后果，这样很容易导致孩子缺乏责任感。

▶ 为什么说"不"
能让父母得到成长？

刚才说的是对孩子说"不"的第一层意义，让孩子学会控制自己，拥有正确的是非判断力。接下来我要说它的第二层意义，父母自身的改变。

怎么理解呢？有调查显示，最近三年来，中国三十岁左右啃老的人群比例有逐年增加的趋势。显然，啃老现象和父母过度保护的家庭教育有直接关系。

爱孩子的一个至高境界就是在孩子该独立的时候把他从自己身边推开，因为有自由才会有成长。

听到这里，你可能会疑惑，刚才花了很长时间来劝大多数的父母，在必要的时候，要敢于和孩子说"不"，为什么现在又倒回来说要给孩子自由呢？其实这两者并不矛盾，我马上要说的程玮的故事可能会帮你解开疑惑。

程玮是我的朋友，她是个女作家，并且在德国生活了多年，对上述问题有亲身经历，颇有些发言权。当分别二十多年后读到她的新书《风中私语》时，我感到特别兴奋，因为我迫切想看到这位儿童文学作家是怎么谈教育的，尤其是在她旅德十五年又与儿子一起成长之后。

在我看来，就儿童教育而言，德国的经验是特别值得借鉴的，可惜，目前介绍德国儿童教育的出版物极少。《风中私语》的第一辑《渐行渐远的孩子》就是专门谈中德教育比较的，加上程玮愈加成熟的自然幽默的叙述风格，引起了我的浓厚兴趣。

据程玮介绍，在德国有一个传统，每个人在过了十八岁生日以后，要独自出门旅行一次。他要争取用最少的钱走最多的地方，并且在外面尽可能待很长的时间，以便认识世界，体验人生，学会独自生存的本领。

有句话把这样的旅行概括得很形象：出门时是个孩子，回来时就是成人了。这是人生的第一次冒险。

很多年以后，每个德国成年人都会以一种自豪的心情向自己的朋友、向自己的孩子讲述第一次独自旅行的故事：花了如何少的钱，走了如何多的路，得到什么人的帮助，受了什么人的欺骗。这是可以一生一世讲述的故事，这也是可以在家族里世代相传的故事。如果一个孩子出门没几天就往回走，这将成为他和他父母终身的耻辱。

说到这里，我估计许多中国父母都会生出一些感慨。因为我们一般都不忍心或干脆说不敢这样做，甭说十八岁，就是二十八岁也不太可能这样做，所以，中国盛行"啃老族"，盛产"三十岁的儿童"。

那么，作为一个爱心满满的母亲，程玮又是怎么做的呢？她坦率地说：

"转眼到了我的儿子徐果第一次单独出去旅行的时候。我按常规给了他很少的钱。我没有过问他的旅游线路，我只有一个愿望，就是他千万不要因为没有钱而中途返回。临到他出门时，我忍不住说，你真需要钱时，就用卡取吧，不要太节约。话刚说完，我心里就后悔得要死。不要太节约，难道要让他当败家子才舒坦？爱孩子的最高境界，是等到孩子一成人，就把那份爱深深地藏起来。因为你面对的是一个成年人，他要走向世界。他会经受困苦，他会经受磨难，他还要养家糊口，那是他自己的生活。如果你注定不能守护他一辈子，那最好的办法就是尽早放手。"

这就是一个成长中的中国母亲的典型心态，一个在东西方之间行走的教育者的困惑。程玮的描述让我想起了文学大师托尔斯泰的

话:"教育孩子的实质是改变自己。"对于今天的父母来说,这句话实在是值得再三回味的。

2020年春天,新型冠状病毒肺炎的大流行改变了人们的生活,大家只能宅在家里防病毒,却因此有了意想不到的收获。我的一些朋友在朋友圈里晒五颜六色的食品,说自己头一回尝试做一些新的食品,什么难做就做什么。然而,最兴奋的却是孩子,他们不仅食欲大增,而且对爸爸妈妈刮目相看,赞不绝口。我看了颇感欣慰,因为父母们成长了。家庭教育本来就是生活教育,食育是极为重要的教育内容,引领孩子热爱生活,学会生活,这就是最好的家庭教育。

▶ 父母要怎样对孩子说"不"?

父母在学会对孩子说"不"的过程中,还需要特别注意两个问题。

首先,父母要以符合孩子身心发展水平的方式与其交流。

我知道,程玮教育孩子的成功得益于她与儿子的亲密关系。在其书中有极为精彩的《母子私语》一节,请看她与儿子的一段对话:

> 儿子六岁的时候对我说,妈妈,我长大了要跟你结婚。
> 我知道他们的老师正在对他们进行家庭概念的教育,

但我心里还是充满了感动。我说,儿子,这不可能,因为等你长大了,我就是个老太太了。

他说,那没关系,你老得慢一点,我会长得快一点。

我说,在这个世界上的一个地方,有一个女孩子,她正在和你一起长大。有一天,你会遇到她。你很喜欢她,她也很喜欢你。你们两个人都想天天在一起玩。这个女孩子,她才是你应该跟她结婚的人。

他问,她知道我在这里住吗?我们什么时候会见面呢?

我说,她不知道,我不知道,你也不知道。我把手指向天空,说,只有一个人知道。他会让你和她走到一起。这个人在东方被叫作"月老",或者是"缘分";在西方被称为"丘比特",或者是"爱神"。这是一个我们都应该对他心怀感激和敬畏,并且无条件服从的人物。

我把儿子搂在怀里,说,如果有一天你遇到了这个女孩子,请你一定说给妈妈听,带给妈妈看,妈妈会为你高兴。你记住,凡是你喜欢的女孩子,妈妈也一定会喜欢。

儿子回答说,妈妈,我知道了。

程玮与儿子的对话为什么值得推荐?因为它是符合六岁孩子身心发展水平的,是充满母子亲情而又轻松自然的。这让人不由得想起大诗人杜甫的名句:"好雨知时节,当春乃发生。随风潜入夜,润物细无声。"好的谈话效果正是如此。

其次,孩子只有获得自由,才会有主动的节制。

在程玮的书里,诗情画意犹如秋天的果园,真知灼见则像涓涓的溪流。回忆起儿子徐果在小学里学唱的第一首歌,她写道:

> 他那时候还很小,拿了一张歌谱在那里来来回回地哼哼,却让我听得思绪万千。记得我刚学德语时,老师也教我们学唱过这首歌《思想是自由的》。为解释这首歌,他用了一堂课的时间。这是一首19世纪的德国民歌,可以说德国人都会唱,它在德国比贝多芬的《欢乐颂》还要普及。歌词说:思想是自由的,没有谁能够阻止。它们就像夜空里飘浮过的阴影,没有人能看见,也没有人能够追踪……
>
> 我过去和他一起练,一直练到他背出歌词为止。我问他,老师跟你们解释歌词的意思了吗?他很奇怪地看看我说,为什么要解释,我句句都懂啊!我想,这确实是一个简单的道理,确实不需要解释。可是每次我听这首歌时,为什么总是有一种无法形容的感慨和感动呢?

其实,德国人给人的第一印象就是严谨,他们教育孩子自然也是具体细致的,比如不闯红灯、做事有计划等。但他们更重视给孩子自由,因为有自由才有成长,有成长才有创新。

中国的儿童教育有自己的传统和优势,可是的确存在一些明显的弱点。如,过于强调社会本位而忽视儿童本位,过于强调"听话"而抑制个性,过于强调遵守规范而较少给予自由的鼓励,其结果必然造成孩子成长的致命伤。

儿童的自由需要宽松的成长环境。与中国父母望子成龙的急切心态不同，德国人衡量一个人成功的标准很简单。德国人说，一个成功的男人一生应该做到三件事：生一个孩子，盖一座房子，种一棵树。程玮把它理解为：一个男人一生中要为自己做一件事——生一个孩子，把他的生命延续下去；为家庭做一件事——建一座房子，让妻子儿女有个遮风避雨的港湾；为世界做一件事——种一棵树，给地球留下一片绿荫。

程玮说，德国人是非常务实的，把男人的成功定义得这么清楚、这么具体，反倒让德国的父母有了充分的选择余地。他们不会逼孩子悬梁刺股地去念书，也不会砸锅卖铁，牺牲自己的一切供孩子去上大学。他们实实在在，因材施教，量力而行。不强迫自己，更不强迫孩子。我们为什么一定要把成功的标尺定得那么高呢？这实在让父母和孩子都苦不堪言。

中国的家庭教育的确值得反思。没有节制的爱，是一味地顺从、讨好孩子。只让孩子去做那些让自己快乐的事，没有教会孩子做那些不快乐但也要接受的事，这样的爱是一种软暴力，是会害了孩子的。只有学会了等待，学会了节制，孩子才能真正地成长。因此，父母要理性分析孩子的需求，合理的需求可以满足，可有可无的需求要限制，不合理的需求要坚决拒绝。

如果把孩子比作驾驭小船试航人生之海的小船长，那么，父母与教师便是导航的罗盘和灯塔，必须时时提醒缺乏经验的小船长哪里有险恶的暗礁、哪里是畅通的航道。如果大家只是一味地赞赏小船长的勇气和智慧，而不发出前方有险情的警告，恐怕与谋杀者无异，尽管他可能爱心无限。

好父母成功锦囊 IV

想让孩子获得真正的成长,就要敢于并且及时对他说"不"。

为什么不顺着孩子的心意,却偏要对他说"不"呢?第一,跟孩子说"不",能让孩子学会分辨是非,学会控制自己。第二,跟孩子说"不",父母也能改善自己的教育方式,学会对孩子放手,让孩子走出家庭的温室,勇敢面对外界的挑战。

父母在学会对孩子说"不"的过程中,还需要特别注意两个问题。首先,父母要以符合孩子身心发展水平的方式与其交流。其次,孩子只有获得自由,才会有主动的节制。

05 要孩子尊重你，你尊重孩子了吗？

有些父母，时常会觉得小孩不懂事。比方说，他们会觉得小孩子老是犯错误，甚至有的小朋友经常胡说八道。在幼儿园和小学阶段，孩子的确容易胡说八道。而且，有的小孩人越多越爱说话，什么都说，也没什么顾忌。所以，有的孩子只要一张嘴，他父母就会说："闭嘴，你一张嘴我就知道你要说什么，不许胡说。"

这样的情况，不一定出现在所有的家庭里。但是，你可以回想一下，自己是不是曾经在不经意间，忽略了孩子的自尊心，没有尊重孩子的想法和话语权呢？

▶ 尊重孩子，你做到了吗？

我们在这里讲的尊重孩子，是指尊重孩子成长的规律，尊重孩子的各种权利，尊重孩子的个性特点。

比如，我们带孩子出门的时候，经常会让孩子礼貌地叫人，告诉孩子"叫叔叔，叫阿姨"。孩子有的时候很不情愿，或者很被动地勉强开口。看上去，我们是在教孩子懂礼貌，其实细究起来，这里面就有对孩子的不尊重。

儿童有儿童的表达方式，他可能只是冲对方笑笑，或者点点头，就当作打招呼了。而且每个孩子的性格都不一样，有的孩子比较外向，喜欢跟别人打招呼问好；有的孩子就比较内向，不太善于跟别人说话、交流。

如果要带孩子外出，可以事先告诉孩子：出去见了别人，要跟人家打招呼。这是一种提醒，也是一种引导。至于孩子到时候怎么去表达，那是他自己的选择。

如果他不愿意跟人打招呼，可能是他还没有接受或者还不习惯这种方式。那么，咱们做父母的就不能用成年人的标准去要求他，毕竟他的年龄还小，我们要学会等待，不宜当众训斥孩子。

父母有了这样的态度，才算得上是真正地尊重孩子。可能有那么一天，孩子自己会发现：那些喜欢跟别人打招呼的孩子，会受到更多友善的对待和欢迎，他可能就会变得主动。

其实，尊重孩子并不是完全顺从孩子，而是要寻找合理的解决方法，不能一概而论。

当孩子痴迷于某件事的时候，他会特别专心，父母如果尊重孩子就不能把他强行拉开。

从家庭类型来分析，尊重孩子的家庭可以是遵守规则的家庭，也可以是谈判式家庭或协商式家庭，但一定不会是命令式家庭。

▶ 你知道尊重孩子的原则吗?

除了上面说到的那些情况之外,在日常的亲子相处过程中,还有哪些尊重孩子的原则,是父母需要遵守的呢?

第一,尊重孩子丰富的内心世界。

有一个爱花的父亲,看到幼小的女儿用剪刀把自家花园中开得最美的一朵花剪了下来,非常生气,对女儿咆哮起来。女儿望着大发雷霆的父亲,吓坏了。从那以后,原本活泼可爱的孩子变得沉默寡言了。

后来,这个父亲才知道,女儿剪下那朵花其实是想送给上晚班的妈妈。父亲非常后悔自己当初没有问明原因就斥责孩子,但是更让这个父亲懊恼的是,从此以后无论自己怎么努力,也没有办法再让孩子恢复过去活泼、开朗的性格了。

同样的问题,我们来看看苏霍姆林斯基这位苏联教育家是怎么解决的。

苏霍姆林斯基在当校长的时候,学校的花园里开出了一朵极大的玫瑰花,全校的学生都非常惊讶,每天都有很多人前来观赏。

一天早晨,当苏霍姆林斯基在花园里散步时,看见一个四岁的小女孩已经摘下了那朵玫瑰花,正拿在手里快活地往外走。

苏霍姆林斯基叫住小女孩,蹲下身子,亲切地问道:"孩子,你摘这朵花送给谁呀？能告诉我吗？"小女孩有些羞怯地说："我奶奶病得很重，我每天都陪着她说话。我告诉她，校园里有一朵非常大的玫瑰花，奶奶就是不相信。我现在摘下它送去给奶奶看看，看过了我就把它送回来。"

听了小女孩天真的回答，看着小女孩纯朴的小脸，苏霍姆林斯基很感动。他牵着小女孩的手又回到了花园里，摘下两朵大的玫瑰花对她说："一朵是奖励你的，因为你有充满爱的心灵；另一朵是送给你奶奶的，感谢她养育了你这样的好孩子。"

在这两个故事中，同样是孩子和玫瑰花，同样都有一个美好的愿望，但结果却大相径庭。一个孩子因为大发雷霆的父亲，从原本的活泼可爱变成了后来的沉默寡言；而另一个孩子却愈加天真烂漫，爱心升华。所以，不同的教育带来了截然不同的结果。

造成两种结果的教育者，他们深层的差异在于，一个只看到孩子摘花的行为，另一个却透过孩子摘花的行为看到了其清纯洁净的爱心。这就是两位教育者所拥有的两种不同的视野和境界。我们的父母尝试着再开阔一下视野，提升一下境界，面前的教育之路定会一下子敞亮起来。

第二，尊重孩子交友的自由。

对孩子来说，交往是一种重要的精神需求。儿童的成长过程，其实就是一个学习过程，而这种学习是在与其他人，尤其是与同龄伙伴的交往过程中实现的。

可有些孩子在交朋友的时候，父母会处处找孩子的麻烦，限制孩子交朋友的自由。有些父母会认为孩子交的某个朋友不好，或是认为孩子要交自己看中的朋友，要交对他学习成长有帮助的朋友，

因而干预孩子的交友活动。

中国青少年研究中心曾经就"中小学生最不满意父母的十二种行为"做过一个问卷调查，其中，"限制我交朋友"占21%，排在第四位。特别对于中学生而言，"限制我交朋友"已成为他们对父母的三大不满之一。

一般来说，父母都懂得孩子交朋友的重要性，只是对孩子的交往行为不放心，怕孩子与所谓的"坏孩子"交往，往往就偏于严加控制，从而激化了与孩子的矛盾。

什么才是真正的朋友，应让孩子自己做出选择。也许，父母换个思路效果会好些：孩子交朋友是他自己的事情，父母的责任一是尊重，二是引导。

如果父母发现孩子的朋友真的不好，应该平静地和孩子一起仔细分析朋友到底"坏"在哪里，通过讲道理的方式来引导孩子择友。不要单方面地强行禁止，更不要以怀疑、不信任的态度让孩子产生反感，否则，关爱在孩子看来就变成了一种专制行为。任何人的成长都是跌跌撞撞的，交朋友的过程也是磕磕碰碰的，这就是成长的规律。而规律是改变不了的，父母想替孩子"付学费"也是瞎操心。

其实，父母们想想自己小时候，不也是一路摸爬滚打走过来的吗。人生就是这样，由不知到知，由知之不多到知之甚多。孩子们的交友也是如此，父母应该放手让其去闯，摔几跤也没关系，爬起来他就更知道该如何选择道路。我们做父母的应该时常去扶他们一把，而不是替他们去行走。其实，交友不是资格审查，家长不必剑拔弩张，要让孩子们自己去选择，父母只需像朋友一样适时给点儿建议就好。

在此，我特别希望父母了解一点：即使你并不喜欢孩子的朋友，也务必持尊重的态度。这不是一种单纯技巧性的选择，而是一个原则。道理非常简单：没有尊重，就没有教育；没有尊重，教育就会走向反面。

第三，尊重孩子的偶像。

我曾经看过天津社科院研究员关颖写的教育孩子的故事，我觉得这个例子就是对理解孩子、尊重孩子的一个很好的诠释。关颖是这么写的：

> 不知道从什么时候开始，儿子喜欢上了篮球。上中学了，学习够紧张的，他却总是忙里偷闲玩上一会儿；我还经常在我们家的书报堆里，发现有关篮球的刊物；甚至，世界篮球明星的大幅照片，竟然堂堂正正地贴在了我们家的门上、墙上、书柜的玻璃上；还有NBA（美国职业篮球联赛）比赛的录像，他不知道看了多少遍……
>
> 不过，我从没有因为这个指责过儿子，我一向主张孩子应该有自己的天地、自己的兴趣。
>
> 平时在家里，儿子的话不多，可是每次聊起NBA，聊起那些球星时，他却总是滔滔不绝，眉飞色舞。这时候，我就不是妈妈了，变成了我儿子的学生。
>
> 没想到，日复一日，耳濡目染，我也被儿子带入了他的天地，知道了什么是NBA，认识了一些很厉害的篮球明

星。我也在这个过程中,更了解儿子,跟儿子有了更多的共同语言。我去香港,给儿子带回的唯一礼物,是一套绣有芝加哥公牛队标志的衣服,儿子很高兴。

当年有一场比赛,乔丹44分钟夺下了38分,我们一家人看了,不光为比赛的漂亮成绩欢呼,更被乔丹超出常人的毅力、带病拼搏的精神所折服。我学着儿子的话对儿子说:"我崇拜乔丹!"因为这么一句话和之前的长时间积累,我找到了和儿子的共鸣,也得到了儿子的肯定。我又用自己的话说:"咱看球别光看热闹,也学学人家乔丹的精神!"儿子听完,默许了。在我对儿子的说教中,这是最让儿子服气的一次。

听了关颖讲的故事和感受,咱们做父母的可以思考一下,当孩子说出自己的偶像是某某明星的时候,咱们有没有认真了解孩子的喜好,然后和孩子一起去了解那个明星,并且和孩子深入聊聊呢。这或许就是一次亲子沟通的好机会。

时代变了,教育的内涵和方法也要随之改变。传统的教育模式是从关心孩子的饮食起居着眼,注重其德智体美劳的发展,而现代的教育模式则是以精神关怀为前提。孩子同大人一样,有着丰富的内心世界,千万不能认为孩子小、不懂事就可以随意将大人的意志强加于他们。孩子更需要外界的尊重和肯定,特别是父母的尊重和肯定。所以,要孩子尊重你,做父母的,得先学会尊重孩子。

▶ 怎样做才是真的尊重孩子？

对于当下的父母来说，要学会尊重孩子，其实并不难。下面，我就来给父母们支支招。

第一，相信孩子是独一无二的。

相信这个世界上每个人都有一片属于自己的天地。也许他不能成为音乐家，但他可能成为音乐教师；也许他不能成为科学家，但他可能成为设计师……要知道，每个人都有自己的独特之处，我们不能规定所有的孩子做同样的事，走同样的路。成功的道路千万条，但对于每个人仅有一条或几条比较适合。

对于一个肯奋斗的人来说，成功在于选择。所谓"天才"就是选择了适合自己的路的人，所谓"蠢材"则是选择了不适合自己的路的人。

第二，尊重孩子的想法与意愿。

父母在决定某件事情的时候，应该问问孩子："我这样做你愿意接受吗？""你有什么样的想法呢？"有的孩子由于性格内向或者不愿意表达自己的真实意愿，往往会在情绪中体现出不满。这时候父母应该多加注意，发现后，要耐心和孩子沟通，不要忽略自己无意中的言行对孩子造成的伤害。

但要注意，在和孩子沟通时不应该逼迫他们交代思想。当孩子

烦躁不安或闷闷不乐时，请告诉他："如果你愿意，我希望倾听你的心里话；但如果你不愿意，我也不勉强。"

第三，不要对孩子管得过严过细。

给孩子无私的爱，并不意味着要包办代替孩子的一切，对孩子过度保护。

但现实中，有的父母总是觉得与孩子有关的一切都是自己的责任，所以，不允许孩子有自己的朋友，怕孩子受别人欺负；不允许孩子有零花钱，怕孩子上当受骗；不允许孩子使用火柴和剪刀，怕孩子伤了手指……这些爱都是不理智的。

如果你非要孩子一切按你的规定办的话，这样的生活对于孩子而言几乎如坐牢一般。所以，尊重孩子就要给孩子自由，让孩子多一些自己的选择和安排。

第四，尊重和引导孩子走向成熟。

如果孩子摔了跤，当父母的需要做的，不是禁止他继续往前走，也不是抱着他走，而是鼓励他站起来，继续向前走，让他学会自立，拥有独立生活的能力。因为孩子由"自然人"到"社会人"的转变过程，就是一个逐步走向独立的过程，剥夺这个过程的后果是灾难性的。

第五，支持孩子的正当爱好。

某语文教科书中有一篇日本作家写的文章，说有一个孩子非常喜欢葫芦，但是他的爸爸和老师对他的爱好很厌恶，最终将孩子收集的葫芦一个个毁掉，扼杀了孩子的爱好。这篇文章让我们重新思考这样一个教育问题：父母、老师对孩子的爱好、兴趣应持什么态度？我们能不能让孩子选择一条更好的路呢？毫无疑问，我们应该允许孩子去发展自己的兴趣，实现自己的愿望，这本来就是他们应有的权利。

众所周知，没有兴趣，就没有学习的动力。能不能尊重孩子的兴趣，实质上取决于父母是真爱孩子还是假爱孩子。我们要特别珍惜孩子的正当爱好，这是他美丽人生的幼芽，这是他灿烂梦想的尝试，剥夺他的这种权利是很残忍的，也是很愚蠢的。即使孩子的爱好很可笑，但只要是健康有益的，父母就应当鼓励。

第六，允许孩子有自己的秘密。

有的父母会觉得孩子有了秘密是件非常可怕的事情，殊不知，秘密是孩子成长的营养品，没有秘密的孩子长不大。孩子成长的过程就是走向独立的过程，走向独立的过程一定会产生大量的秘密。这个时候，他们开始脱离对父母的依赖，不再像过去那样向父母袒露一切事情，有了自己的小秘密。这样的秘密是孩子长大的伴随物。独自享有秘密，独自面对某件事情对孩子来说是一种责任。

儿童时期，秘密会使孩子的生活变得很神奇。外国专家甚至认为没有秘密就没有儿童时代，秘密是儿童成长的催化剂。

第七，鼓励孩子自己解决和别人的矛盾。

与他人友好相处并不是一件轻而易举的事。大人之间每每因为利益纠纷、得失相争还会经常闹矛盾呢，何况自制力较差的孩子。孩子之间因为性格、爱好的差异难免会产生摩擦，闹矛盾，这都是正常现象，关键是要正确对待这些矛盾。不能因为孩子之间发生一两次冲突就不让他们继续交往了。孩子身上最可贵的就是不世故，吵完了接着玩，打过了转眼忘，甚至不打不成交，解决矛盾的过程正是彼此深入了解的过程。因此，父母应鼓励孩子自己解决矛盾，

勇于承认错误，善于宽容别人，使孩子在与他人交往的过程中逐渐长大、成熟。

第八，帮助孩子逐步建立合理的规则。

就看电视和吃饭相冲突的例子来说，做父母的要思考，孩子是偶尔这样，还是经常这样。如果孩子做事总是没有规律，当然要管，要引导。但有的时候，情况是这样的：孩子突然发现了一个很不容易看到的节目，特别想看，而且这个节目这次如果不看，下次就不知道什么时候才能看到。那么，父母在这个时候，对孩子暂时不想先吃饭的行为就应该表示理解，不要刻板。只要孩子做的事情有价值，他就有权利和理由做完它。其实，成年人不也是这样吗？当我们沉浸在某件事情里的时候，一定也是不希望被别人打扰的。

第九，和孩子一起制订行为原则。

父母可以把孩子的朋友请到家里来，让他们在父母的指导下做游戏，也可以让孩子们开展其他感兴趣的活动。这样，父母不但可以了解孩子的朋友，还可以结合实际情况指导他们的行为。孩子们判断是非的能力毕竟有限，而父母又不可能一直跟着孩子，因此，父母要和孩子一起制订一些行为准则：告诉他们和朋友在一起的时候，什么事情不能做，什么事情可以做，从而确保孩子交友的安全。

好父母成功锦囊 V

做父母的，爱孩子的前提是理解和尊重孩子。尊重孩子，就是尊重孩子成长的规律，尊重孩子的各种权利，尊重孩子的个性特点。

▼

在日常的亲子相处过程中，父母需要注意的尊重孩子的原则有很多，如，尊重孩子丰富的内心世界，尊重孩子交友的自由，尊重孩子的偶像，等等。

▼

要孩子尊重你，做父母的，得先学会尊重孩子：相信孩子是独一无二的，尊重孩子的想法与意愿，不要对孩子管得过严过细，尊重和引导孩子走向成熟，支持孩子的正当爱好，允许孩子有自己的秘密，鼓励孩子自己解决和别人的矛盾，帮助孩子逐步建立合理的规则，和孩子一起制订行为原则。

06 做一诺千金的父母真的很难吗?

中国青少年研究中心调查发现：中小学生最不满意父母的十二种行为中，有43.6%的孩子选了"父母说话不算数"这一条，这一行为的投票数在十二种行为中位居第一。

听到这里，你是不是觉得有点吃惊？不是陪伴太少，不是脾气不够好，不是专制、爱唠叨，也不是买的玩具不够酷炫、新衣服不够多，孩子最不满意大人的行为竟然是说话不算数。

▶ 父母说话不算数，
真的很严重吗？

细想一下，确实如此。在我收到的几万封中小学生来信中，很多是谈这个问题的。其中一封信这样说：

> 我爸爸、妈妈说话一点儿也不算数。我爸爸说，只要我考了前五名，就带我去坐过山车。可当我真的考了第五名时，他却说，没时间，下次吧。我妈妈也一样，她说我写完作业就让我下楼和小伙伴玩，可是我写完了她又让我

> 弹一小时的钢琴。
>
> 每到这时候,我都会想起电影《麦兜的故事》。麦兜的妈妈让他吃药,说吃了药病就好了,病好了就带他去马尔代夫旅游。结果麦兜吃了药,病好了以后,妈妈却再也不提去马尔代夫的事了。麦兜再问,妈妈就说,发了财再说吧。我理解麦兜,觉得他和我一样可怜。以后,爸爸、妈妈再怎么向我许诺,我都不相信他们了,全是骗人的!

大人们自己可能都没意识到,当时的随口一应会让孩子这么在意。他们只想先稳住孩子,不想却渐渐失去了孩子的信任,失去了在孩子心中的威信。

甚至,对于特别认真的孩子来说,欺骗是极大的人格侮辱,即使是玩笑式的欺骗也可能对他造成刻骨铭心的伤害。

著名女作家铁凝在小说《一千张糖纸》中写了童年被表姑欺骗的经历:表姑谎称攒一千张糖纸可以换电动狗,实为不让她和同伴玩闹。她以自己的亲身经历告诉父母们,可以批评和责怪孩子,但不可以欺骗孩子,因为欺骗是对孩子最深的伤害。

有些人可能会觉得,这是不是有点小题大做了,真有这么严重吗!

那么接下来,我就给大家分析一下,为什么父母说话不算数会让孩子这么受伤。

遇到言而无信的人和事,大家都会觉得生气、失落。只不过,相对于成年人,孩子的世界很小,他对感兴趣的事物投入的关注就

更多,对它渴望的程度也往往超过成年人的想象。

坐一次过山车,对于见多识广的成年人来说可能并不算什么,即使得不到,大人也会找到其他的方式来满足自己。但孩子却不同,他们的目标唯一而单纯,要去坐过山车的想法,可能会让他们心心念念半个月,以至于每天早上都会因为这个期待醒来。而一旦这个愿望破灭了,他们就会非常失望,乃至绝望。

在孩子眼中,父母就是至高无上的权威,令他们从心底里崇拜和依赖。可一旦孩子发现父母可以说话不算数,他们就会大为疑惑:那这个世界上还能相信谁呢?这种恐慌会给孩子带来巨大的心理危机,让他们深深地陷入自我怀疑和不安中。此外,大家别忘了,父母的一言一行也都是孩子模仿的榜样,如果父母言而无信,孩子日后也很难成为一个守信的人。

这里给大家讲一个孔子的弟子曾参(曾子)教育孩子的故事。

一天,曾参的妻子要去集市买东西,小儿子闹着也要跟妈妈一起去,曾参的妻子便随口哄孩子说:"你留在家里,妈妈回来杀猪给你吃。"等妻子回到家,曾参便要捉猪来杀。他的妻子赶快制止他说:"我刚才只不过和孩子说着玩罢了,你怎么真的要杀猪?"曾参对妻子说:"小孩是不能欺骗的。虽然孩子年幼无知,但他会学父母的样子。如果当妈的欺骗了孩子,孩子便会觉得妈妈的话不可信,以后妈妈再对孩子进行教育就不会有效果了。"于是,曾参还是把猪杀了,这就是历史上流传甚广的"曾子杀猪"的故事。

当然,有些父母可能还是不以为然,觉得就那么几次没有说到做到,对孩子的影响真有那么大吗?

这里再和大家分享一个我们的研究成果。

1994年，当我在主持"全国杰出青年的童年与教育调查研究"时发现，148名杰出青年在给做人的基本原则排序时，都不约而同地把"诚信"排在了第一位。并且这些杰出青年的父母亲，虽然他们大多数人都是普通劳动者，学历也基本都是小学或初中水平，但他们带给孩子最大的影响就是诚信。由此可见，诚信是做人的根基，也是教育的生命线。

听到这里，大家是不是发现了，说到做到、遵守承诺这件事，好像对父母的文化水平、个人能力要求并没有那么高，但为什么很多父母都做不到呢？

我曾收到一个中学生的来信，信中谈及的她妈妈的想法代表了相当一部分父母的观点：

> 我妈妈长年在外工作，我就住在姑姑家。有一次，我无意中听到姑姑在背后说我妈妈的"坏话"。暑假到了，我去妈妈工作的地方玩，就把姑姑说她的"坏话"全盘照搬地告诉了她。暑假过去了，我又回到姑姑家。有一天，妈妈打来电话，正巧姑姑接的，没想到妈妈和姑姑聊着聊着就把我"告密"的事给说了出来。当时我很生气，因为当我告诉妈妈时，妈妈答应我不会告诉任何人，更不会告诉姑姑。结果，那天姑姑挂了电话就很生气。我当时很难受。
>
> 后来，我就埋怨妈妈，问她为什么说话不算数，可妈妈说："小孩子，没关系，这样说了，你姑姑下次就不会说我了！"听了这话，我感觉妈妈不仅说话不算数，而且很自

> 私，只想着自己心里舒服，完全不考虑我的感受。
>
> 　　从那以后，我再也不把心里话告诉她了，因为我担心告诉她什么，她都会向别人说。后来我又听见姑姑说她的"坏话"，但我没有告诉她，她问我，我就说没有。我已经不信任她了，没必要和她说实话。

由此可见，如果父母说话不算数，孩子自然会失去对父母的信任，也就不会和父母说心里话，相互间的沟通会因此受阻，亲子关系也会被严重影响。

而在探究这个问题的真相时，我发现一个很有趣的现象：对孩子说话不算数的父母，很少用同样的态度对待身边的成年人。因为他们知道"言而无信，不知其可"的道理；但是对待孩子，他们觉得说话算不算数似乎无关紧要。

为什么会这样呢？因为在很多父母的眼里，孩子并不是和大人一样平等、独立的个体，而仅仅是大人的附属品，无足轻重，因此他们并没有把对孩子说过的话当真。

但是，父母们想过孩子是有多么渴望平等吗？早在1999年，我们曾在全国开展过这样一项调查，询问广大民众"现代人最重要的品质是什么"。大部分父母的回答是"责任"，而中小学生的回答是"平等"。

为什么孩子会把平等当成是最重要的品质呢？这与孩子的生活经验有很大关系。因为孩子常被父母不平等地对待，因此他们特别渴望平等，渴望父母能认真履行对自己的承诺，而不是把承诺当成儿戏。

可是，在现实生活中，有些父母不仅没意识到自己在不平等地对待孩子，还振振有词，为自己找借口。"我每天有那么多的事要做，我陪你去坐过山车，那谁给你做饭？谁去挣钱供你念书？"这些话听起来似乎理直气壮，其实是不讲道理的，因为照这个逻辑，忙的人就可以说话不算数了。

当然，我们并不是在这里指责父母。每个家长都担负着挣钱养家的重任，又要照顾老人，还要负责孩子的吃喝拉撒、衣食住行，压力的确很大。

▶ 我们要如何成为
言而有信的父母？

首先，不要轻易许诺。

父母对孩子做出承诺之前，要考虑周全，权衡自己是否具备履行诺言的能力。如果能力有限，承诺实施起来有困难，就不要轻易答应孩子的要求。而一旦承诺了，父母就要认真遵守诺言。特别是年轻的父母，不要认为孩子小，随便哄哄没关系。要记住，父母的行为会直接影响孩子人格的发展；要记住，决不能把许诺变成哄骗。

要知道，为人父母从来不是件容易的事儿，父母也要学会协调、分配自己的时间和精力，并在必要时，为了遵守对孩子的承诺放弃一些自己的利益。当然，生活千变万化，总会因为一些特殊因素，使父母难以兑现某些承诺。如果已经答应了的事情确实不能兑现，父母也要及时给孩子解释原因，并诚挚地向孩子道歉，让孩子从内心理解和原谅父母，而且父母在事后一定要设法补救。

除了大人的言传身教，为了帮孩子养成诚实守信的好习惯，当孩子遵守诺言时，大人也要及时给予表扬和鼓励。

王玉亭是一个十四岁的女中学生。这段时间，她遇到了让她烦心的事。

最近，她发现班上一个男孩对自己很关注，常在放学的路上和她"巧遇"，男孩还主动借书给她。玉亭对这个男孩的印象挺好的，他学习成绩很好，人也很开朗，在班里人缘相当好。经过一段时间的接触，玉亭也渐渐喜欢和这个男孩待在一起，很期盼和他聊天。但她知道早恋是不对的，可又不知道该怎么办才好，所以，玉亭把心里的苦恼告诉了妈妈，并一再嘱咐妈妈千万不要跟别人说，就连对爸爸也不要说。

玉亭的妈妈答应了女儿的请求，却又很为女儿担心。她怕孩子处理不好这件事，担心因此影响孩子的情绪，继而影响她的学习成绩。于是，思前想后，她决定去学校寻求玉亭班主任的帮助。

结果，班主任老师很快找到玉亭和那个男孩，对他们进行了批评，并在班会上告诫全班同学不能谈恋爱。她还说有的同学的母亲已经找到了她，让她好好管管早恋的同学。

从这以后，玉亭和那个男孩再也没说过话，即使遇见两人都假装没看见对方，别扭极了。玉亭因此非常怨恨妈妈，有什么心里话再也不和她说了。

在这件事中，玉亭的妈妈犯了一个非常严重的错误——违背了对女儿的承诺,把孩子心底的秘密告诉了别人,辜负了孩子的信任,这对于青春期的孩子来说,伤害极大。

应该说,玉亭肯把自己的想法和妈妈沟通,说明她对妈妈非常信任。有了孩子的信任,妈妈就有了教育的最好条件。玉亭的妈妈应该帮玉亭化解心中的困惑,告诉她,到了青春期,少男少女互有好感是非常正常的,而且是好事。但是玉亭为什么会感到不安呢?因为他们这个年龄的孩子,还没有能力和条件像成年的恋人那样,热火朝天地谈恋爱,更不能承担全校同学都知道他们在谈恋爱的心理压力;另外,他们也没有像成年恋人那样天天在一起的需求。其实他们想要的就是两个人默默地相互关注,相互支持,她也可以请他来家里做客。如果玉亭的妈妈这样去和女儿交流,结果可能就完全不一样了。

当然,如果孩子遇到的是不良少年的纠缠,父母可以寻求学校、老师的帮助。但即使这样,父母也要先和孩子商量,征得孩子的同意。

其次,做孩子秘密的守护者。

在亲子交流中,一旦孩子敞开心扉,和父母分享了一个秘密,如果大人答应了孩子,不会说出去,那么即便是为了孩子好,大人也不该出尔反尔,出卖孩子。要知道,孩子愿意主动和大人沟通,这份信任非常难得。可如果大人辜负了孩子,这对孩子的伤害会非常大,很可能会让以后的亲子沟通障碍重重。

上海市少年儿童研究中心曾经做过一个名为"儿童心声"的课题研究。在调查中,当被问及"你的父母(或老师)未经你允许会做下列事情吗"时,19.1%的孩子表示"会翻抽屉",22.9%的孩子

表示"会翻书包",17.7%的孩子表示"会翻衣服口袋",4.5%的孩子表示"会偷看信件",6.6%的孩子表示"会偷看日记",而"都不会"的只占27.5%。对于"好父母"的标准,孩子们则认为分别是"尊重隐私"(63.1%)、"给予结交朋友的自由"(48.8%)、"鼓励多于批评"(45.6%)、"关注除成绩之外的其他优点"(43.9%)等。

如果说教育有一条生命线,我认为,那就是信任。

当孩子信任父母的时候,会把自己的秘密、困惑、恐惧、不解说给父母听,希望从父母那里得到指导和安慰。很多时候孩子的秘密是不想被别人知道的,所以,请保护好孩子的小秘密。

《家庭》杂志曾经邀请我点评该刊的家庭教育案例,其中一个特别典型的案例让我难以忘怀。

在得知女儿秀秀(化名)考上了美国某名牌大学时,妈妈文婉(化名)激动得哭了,要不是当初自己能够冷静处理女儿怀孕的事情,孩子如今还不知是什么样子呢!

文婉家原先住在农村,丈夫虽在城里工作,但她的户口进不了城,只好带着孩子与丈夫两地生活。女儿上高中后,她们才举家迁到某海滨城市。

女儿秀秀的性格比较内向,但她智商较高,又肯钻研,自从上学后,学习成绩从未低于班级前三名。因此,秀秀的志向很高,表示考大学不进清华就要进北大。但是,意外的事情在她读高二时发生了。

那年4月,文婉发现秀秀总是提不起精神,有好几个晚上,不到十点就趴在写字台上睡着了。以前她可是晚上十一点多了还在学习的。文婉以为这是春乏易困的自然现象,就没多想。

后来，文婉发现女儿有很长时间没有来例假了，而且一天早晨，秀秀还剧烈地呕吐了，当妈妈的不得不警觉起来。于是，文婉急忙带着秀秀去医院做检查。检查结果出来了，她一看，就好像巨石砸在了脑袋上，整个人都晕了——秀秀怀孕了！

回到家，秀秀吓坏了，"扑通"一声跪在妈妈面前，眼泪止不住地往下流。文婉望着女儿那无助的样子，性情中最柔弱的琴弦被拨动了，她不由自主地把浑身颤抖的女儿搂在了怀里。

发生了这么大的事，该怎么办？丈夫出差不在家。再说，就算丈夫在家，自己能告诉他吗？一旦让他知道，女儿也一定会觉得羞于见父亲，心里的压力也会多一层。想到这里，文婉决定独自担负起处理这件事的责任。

文婉一夜没睡，经过反反复复的思考分析后认为，秀秀怀孕极有可能是和男同学偷食禁果所致。她越想越生气，真想找到那个男同学教训他一顿，让他对此负责。但转念又想，女儿与男同学做那事是两厢情愿，不能光怨人家。再说，让他负什么责？他一个十六七岁的孩子有什么能力负责？让他现在就与女儿结婚？还是要他保证将来一定娶女儿？如果将来他的感情变了，或女儿不愿嫁给他又咋办？如果那家人拒不承认其儿子所为，或把这件事张扬出去，女儿的损失岂不更大？

权衡再三，文婉觉得现在最明智的办法还是自己解决，眼下最要紧的是把这件事的影响控制在最小范围，把对女儿的伤害降到最低限度。

第二天，文婉给秀秀的老师打去电话，谎称秀秀患急性阑尾炎做了手术，需要请假休养一段时间。放下电话，文婉立马带秀秀去医院，用自己的名字登记为她做了手术。

女儿的身体虽然很快会康复，可是，她的心理是否很快能康复呢？文婉不知道下一步该怎么走。无奈中，她找到了一位青少年教育专家。

听了专家的意见，文婉向单位请了假，在家照顾了女儿二十天。这期间，她从不提及她早恋怀孕的事，也不问男方是谁，只把女儿当作一个生病的孩子悉心照料，加倍地给她母爱。同时，她还像朋友一样跟女儿聊天，给她讲生理卫生知识和避孕知识，讲父母的恋爱经过，讲自己的人生经历和体会，讲女儿小时候的趣事，讲她美好的人生前景……终于，秀秀向妈妈敞开了心扉，诉说了事情的经过——

秀秀到一所重点高中就读后，在很长一段时间里心情压抑。因为农村的孩子都是上了初中才开始学外语，老师教的发音也不太标准，所以，她的英语口语较差，常被同学嘲笑。唯有住她家附近的一个男同学不歧视她，主动与她接近，遇到不会的数学题，还大胆地向她请教；她说不准的英语单词，他也热情地帮她辅导纠正。放学后，两个人常常一起回家，慢慢地，一种莫名的情愫在两人心中产生，且越来越强烈。终于，一个星期日的下午，在那个男同学家里，两个情窦初开、难以自控的孩子做出了不该做的事……

事后，秀秀非常害怕被父母、老师和同学知道，内向的她没有可以倾诉的好朋友。秀秀含着泪告诉妈妈，当怀孕的消息像晴天霹雳般在她耳畔炸响时，她想到的是去死。听了秀秀的话，文婉被吓出一身冷汗，幸亏自己没有采取过激的做法，否则，后果真是不堪设想啊！

事已至此，对孩子的任何责怪、惩罚都于事无补，眼下最重要的是亡羊补牢，帮助女儿总结经验教训，防止此类事情再度发生。同时，还要医好她心灵的创伤，否则，这将会影响甚至会毁了她的一生！

文婉找了一个风和日丽的星期天，和女儿一起坐在公园的草地上，心平气和地说："爱慕一个优秀的异性，这是正常的，是一种美好的情感，妈妈十几岁时也有过，但只是在心里偷偷地爱，因为还不到谈情说爱的年龄。你也一样，现在还是学生，对爱慕的人必须把握在同学友谊这个尺度上。你是个好孩子，妈妈一直这样认为。你没有把握好这个尺度，一时冲动，越了雷池犯了错，但是，知错就改，为时还不晚。妈妈允许你犯一次错误，但同样的错误不能犯第二次。"

秀秀眨着一双纯真的眼睛用心地听着，文婉知道女儿现在最怕的是这件事被别人知晓。她接着说："妈妈向你保证，除非得到你的允许，否则这件事只有咱俩知道，其他人我谁也不告诉，包括你爸爸和你姐姐。等你身体恢复了，就回去上学，像从前那样学习和生活。"

文婉这时也在反思自己的教育，她真诚地对孩子说："在这件事上，妈妈也有错。进城后，妈妈对你关心帮助不够，只关注你的学习，忽略了其他方面，该让你懂得的性知识和避孕知识没给你讲，该让你知道的如何与异性同学正常相处也没讲透。这件错事表现在你，责任在我，错误咱俩一人承担一半吧。从现在开始，你改你的错，我改我的错，你要争取做最好的女儿，我争取做最好的妈妈，好吗？"

听到妈妈这样说,女儿开心地笑道:"妈妈,我保证以后好好学习,好好做人,再也不会干傻事了。"

文婉很高兴,女儿在这么短的时间内就能从泥沼中拔出来。但她也清醒地知道,这件事还没完,因为那个男同学还在她班里,而且,女儿承受了那么大的痛苦与压力,竟对他没有一句怨言,这说明,女儿对他确实有感情。在这种情况下,生拆硬拽让他们彻底断绝关系是不会有好效果的。

有一天,文婉对秀秀说:"你可以和他正常交往,保持同学的友谊,但你们现在还小,所以,你一定要管住自己,避免同他单独接触。这件事不要告诉他,以免给他增添负担,影响他学习,这样,你就可以轻松愉快、无忧无虑地学习、生活,就可以一如既往地按照自己的人生计划走下去了。"同时,她又补充了几句:"秀秀,你要记住,妈妈永远是你的保护伞,永远是你的避风港,无论你遇到什么难事都要告诉妈妈,妈妈一定会帮你。因为妈妈是这个世界上最爱你的人,在妈妈的眼里,你永远都是最优秀的。"秀秀眼里含着泪花,紧紧地靠在妈妈的怀里。

在以后的日子里,秀秀学习更努力了,她以638分的好成绩考进了北京一所重点大学。因为成绩非常优秀,大学还没毕业,她就收到了美国三所大学的硕士研究生录取通知书。

文婉兑现了自己的诺言,为女儿保守了秘密,给予女儿永远的支持,而秀秀也用实际行动回报了自己的母亲。

父母尊重孩子,替孩子保守秘密,孩子才懂得什么叫诚信,将来才会尊重别人,为别人保守秘密。

好父母成功锦囊 VI

作为父母，可以批评和责怪孩子，但不可以欺骗孩子，因为欺骗是对孩子最深的伤害。

▼

父母的一言一行都是孩子模仿的榜样，如果父母言而无信，不仅会让孩子感到失望，也会阻碍他今后成为一个信守承诺的人。

▼

不少父母之所以对孩子言而无信，主要是因为他们并没有将孩子看成是平等、独立的个体，而只是将其看作自己的附属品。在这种想法下，大人理所当然地认为自己只是在哄孩子玩，而并没有把说出的话当作承诺去认真遵守。

▼

要当一个不骗孩子、言而有信的父母，就要做到：不随意向孩子做出承诺，而一旦承诺了，就要克服困难去遵守；不可出尔反尔，要保护好孩子的小秘密。

07 成长路上,爸爸怎能缺位!

2019年是鲁迅先生发表《我们现在怎样做父亲》一百周年,可是,许多权威调查都显示,父教缺失的现象依然严重。专家的呼吁和媒体的报道引发了初为人父的年轻人对"父职"的反思。

在中国传统观念里,父亲在孩子的成长过程中扮演的是精神领袖的角色。爸爸往往因为工作忙,没有时间和精力来照顾孩子,并且,很多父亲对于自己的职责很不以为然。

记得有一天我打车回家,出租车司机是个三十多岁的小伙子,他主动和我攀谈起来。当他得知我刚讲完家庭教育课时,一脸诧异地说:

"儿童教育?大老爷们儿怎么能干这个呢?"

我知道他有女儿后,不解地问:"怎么?你这个当爸爸的不教育孩子?"

"教育孩子是她妈的事,我的任务是挣钱。"

听到这话,我心里有些不是滋味。在家庭教育中,父教是不可缺少的,也是不可替代的,很多为人父母者,对此有着深刻的感受。问题是,家庭教育中父教的缺失,已经成为一个比较普遍的现象,而这个司机则是父教缺失的形象代言人。

▶ 在当今家庭教育中，
父教为何不可缺？

这个值得深思的问题，已经引起了许多家庭的注意。有一个小网友在一封信中表露出对父亲的不满：

> 自我记事起，就一直过着没有爸爸的生活。爸爸是长途客运司机，经常跑外地，平时我很少能见到他，因为每天我还没起床他就已经离开家了，而等他晚上回来的时候，我早已经在梦中了。
>
> 好不容易到了周末，爸爸还是要工作，有时还一连好几天不回家。就连我的生日，爸爸都因工作忙而从没和我一起过过。还有"六一"儿童节那天，看着别的小朋友和他们的爸爸在一起开心的样子，我就恨我爸爸！虽然平时妈妈接我上学放学，照顾我，但不知道为什么，我就想爸爸能多陪陪我。
>
> 我想问问爸爸："难道地球离了你真的就不转了吗？我想向你借一天，陪我玩一次，长大后我会还你一百天，好吗？"

上海市少年儿童研究中心发布的"十大儿童心声调查"表明，

孩子们在被问及"最想把心里话说给谁听"时，选择"父亲"的只有约7%，而选择"母亲"的比例高达69%左右。

这一结果值得父亲们反思：自己是否在繁忙的工作中忽视了对孩子的关注和与孩子的沟通呢？

我们一直在强调父教不可缺，那么父亲的教育到底会对孩子的成长产生哪些至关重要的作用呢？

第一，父爱关系到孩子的体格成长。

和父亲接触多的孩子，体重、身高、运动等方面的发育速度都要好于那些较少和父亲接触的孩子，并且他们患有发育不良等疾病的概率也较低。这是由于父亲大多会和孩子进行一些户外的活动或游戏，同时还爱和孩子一起做带有一定技术和需要一定体力的家务劳动。这些看似不起眼的小事，对孩子的影响却相当大。

第二，父爱关系到孩子个性品质的形成。

一般来说，父亲通常具有独立、自信、果断、坚强、敢于冒险、敢于克服困难、积极进取、开朗、宽容等个性品质。如果父亲经常跟孩子在一起，孩子就会在日常生活中学习模仿父亲的行为方式与性格特点。

心理学家麦克·闵尼曾做过试验，一天与父亲接触不少于两个小时的孩子，和那些一个星期与父亲接触不到六个小时的孩子相比较，他们的人际关系更为融洽，能从事的活动风格更开放，并具有进取精神和冒险精神，更具有男子汉的气概。另一些研究者称，缺乏父爱的孩子容易产生情感障碍，他们大多焦虑、自尊心低下、自制力弱，并容易产生攻击性行为，甚至成年以后会有许多不良生活习惯。他们把儿童的抑郁、孤独、任性与依赖行为称为"缺乏父爱综合征"。

第三，父爱关系到孩子的智力发展。

我国教育学和心理学专家在北京、山东、江苏、广西与新疆五省、市、自治区，对2100多名在校中小学生性格行为特征问卷调查进行分析后发现，父亲的文化素质会对子女的自制力、思维灵活性产生影响。一些研究还发现，父亲对孩子的智力发展影响很大，尤其对男孩的影响更大。如果一个男孩在童年失去父亲，则很容易智商偏低，认知模式女性化，这些不足将影响男孩的成长。相反，那些和父亲相处时间较长的孩子，容易从父亲那里获得更多的知识、经验、想象力和创造意识，这些更有利于激发孩子的求知欲、好奇心、自信心。

第四，父爱关系到孩子交往能力的发展。

心理学家们发现，五个月大的婴儿如果与父亲有较多的接触，当他被陌生人围绕时会有较好的适应性。比起那些与父亲接触不多的婴儿，他们更不怕生，对陌生人会有更多的言语回应，也比较愿意让陌生人抱。一项跟踪研究指出，那些五岁时有父亲陪伴且受到父亲照料的小孩，比五岁时就缺乏父爱的孩子，长大后更具同情心，有更好的社交关系。父亲与孩子接触越多，孩子的交往能力越强。

正因为父亲的陪伴成长具有独特价值，所以教育孩子绝对不只是母亲的事情，父亲同样承担着巨大的责任。"养不教，父之过"，在教育孩子的问题上，父亲绝不应该缺席。

第五，父爱关系到孩子性别角色的正常发展。

家庭是孩子学习角色观念、形成角色取向、模仿角色行为的重要场所，是一个人性别角色社会化的第一源泉。孩子最初是在家庭

中模仿父母，进而模仿其他男女角色的。

父亲提供一种男人的基本模式，男孩往往把父亲看作是将来发展自己的男性特征最现实的楷模；女孩则是从观察父亲如何对待母亲的过程中，了解到男人应该如何对待女人的，这对女孩成人以后的性别行为和婚姻关系有很重要的作用。相反，如果缺乏父爱，男孩容易变得软弱，缺乏独立性、自主性，甚至出现女性化的倾向，适应环境的应变能力差，长大以后难以成功地为人夫，为人父；而女孩到了青春期则常常表现出焦虑、羞怯、无所适从，甚至日后会出现婚姻危机。

由此可见，父亲在孩子长大成人的过程中，确实占据了重要的地位。

据专家研究，孩子成长的不同阶段，父母的分工及影响力有所不同：在婴幼儿时期，以母亲教育为主；上小学后，父母责任各半；上中学以后以父亲的教育为主，此时父亲的影响力上升而母亲的影响力下降。

父母如果希望孩子将来成为品德高尚、意志顽强的人，那么，请父亲承担起教育孩子的责任，用父爱支撑孩子的成长。

▶ 成为好父亲的
标准是什么？

在这里，我想结合四个好父亲的故事，来展开回答这个问题。

首先，好父亲是是非分明、坚持原则的。

现代的儿童教育是自由与规则平衡的教育。早在孩子两岁至四岁阶段，也是语言能力发展最快的阶段，父母就要敢于对孩子说"不"，即对孩子的不良言行给予拒绝和纠正，否则难以培养孩子的规则意识。在这个方面，父亲负有特殊的责任。

新东方的董事长俞敏洪就是在意识到父亲与母亲之间的差别后，主动承担起责任，从家规开始逐渐培养孩子的规则意识的。

> 因为我平时工作太忙，两个孩子都是我太太带大的。我太太对待孩子原则性不太强，所以我们的两个孩子做事的原则性也不是很强。比如，我在家的时候，会监督两个孩子睡觉前要刷牙；而我不在家时，我太太就经常顺着孩子的意思。我女儿比较自觉，每天刷完牙才睡觉；但我儿子比较调皮，如果没人监督，他就不刷牙。
>
> 我太太看得不紧，发现儿子没刷牙也不坚持，她总是心疼孩子，觉得孩子困了，或者已经躺下了，一次不刷也就算了。如果我在家，就会坚持让儿子刷完牙再去睡，如果发现他没刷牙，就算他躺到床上了，我也要把他拉起来，让他刷完牙再睡。因为在我小时候，如果哪天早上起来不扫地，我母亲就不让我去上学，我必须要把地扫干净。直到现在，我打扫卫生的水平也挺高的。所以说，孩子的好习惯是要在父母的帮助下养成的。
>
> 我儿子小时候特别喜欢吃冰激凌，甚至一度到了酷爱

的程度。为了帮他改掉这个习惯，我规定儿子每天只能吃一个冰激凌，而且只能晚饭后半小时吃。

刚开始的时候，他忍不住。定好规矩的当天，刚吃完晚饭，儿子就不断地看墙上的挂钟，然后不停地跟我说："爸爸，钟，坏了。""爸爸，钟，不走了。"我说："再等等看，会走的。"半个小时之内，儿子问了我十几次"还没到时间吗"。看着儿子焦急的样子，我觉得他也是蛮可怜的，但我还是忍住了，坚决不让步，一定要到半小时以后才给他吃。第二天，儿子看钟的次数有所下降；第三天，他看钟的次数更少了。

时间久了，小孩子发现，这个问题爸爸是不会妥协的，他自然而然就不把太多的精力放在冰激凌上了。现在，我儿子对冰激凌已经不那么热衷了，这就是我坚持的结果。

规则的建立往往先从家规开始，最初认同家里的规矩，再循序渐进地认同社会规范。父亲的引导，可以让孩子更好地适应这个社会，避免其在成长的过程中出现问题行为及暴力犯罪。

其次，好父亲是胸怀宽广、大度包容的。

我是在青岛海边长大的，最喜欢家乡的一首儿歌："大海大海我问你，你为什么这样蓝？大海唱着来回答，我的怀里抱着天。"所以，我把胸怀宽广视为好父亲极为重要的特征。尤其是面对青春期的孩子，父亲如果没有包容精神是难以与孩子对话沟通的。

在这里，我跟大家分享一个真实的故事。

十七岁之前，张子昂一直是父母的骄傲，他是天津市外国语学校连续多年的"三好学生"、多项非凡荣誉的获得者。可是，2008年10月的一天，他突然对父母宣布："再也不去上学了！"

做父母的都不难想象，一个临近高考的孩子要逃学，这该是多么令人焦虑。张子昂的父亲，我的老朋友，是天津教育出版社的一名资深编辑。他沉默了一会儿，望着犟牛一般的儿子平静地说："尽管我和你妈妈不知道你要逃学的原因，也不赞成你的逃学举动，但你既然决定了，我们会尊重你的选择。"从第二天开始，张子昂果然不去上学了，父亲也不去上班了，父子俩在家各忙各的，互不打扰。

原来，张子昂不久前去美国参加夏令营，看到美国学生自由自在地生活，回来后无法忍受学习压力，就决心反抗，要彻底放松一下自己。逃学半个月后，父子俩开始在网上聊天，但父亲问起他逃学原因时，他还是不回答。父亲问："你逃学是为了寻找生活的意义吗？"他这才发过来一个笑脸。在逃学近一个月时的一次晚餐中，张子昂问父亲："期末考试就要开始了，您说我去不去？"父亲请班主任与儿子通电话，老师说大家都很想他，鼓励他返回学校。

张子昂终于复学了。他拼命学习，要考出好成绩。父亲劝道："不必非考100分，能考90分就很优秀了。"张子

> 昂落泪回答："如果您早这样说，我就不会逃学了。现在，我知道该如何定位和朝哪个方向努力了。"后来，张子昂自信地参加了美国的高考，并且接到威廉姆斯学院等六所大学的录取通知，其中四所大学承诺给他全额奖学金。

再者，好父亲是勤劳节俭、自律自制的。

对于任何一个孩子来说，是否能够养成勤俭自制的习惯，都会深刻影响其一生的命运。当今中国，"富二代"已经成为一个备受关注的群体，而"富不过三代"则成为一个魔咒。我认为，"富不过三代"不是一个规律，而是教育的误区，特别是父教的误区。

洛克菲勒是世界上第一个拥有十亿美元财富的超级富豪。他认为，富裕家庭的子女比普通人家的子女更容易受物质的诱惑，因此对后代的要求比普通人家更加严格，在金钱上从不放纵孩子。洛克菲勒给孩子零用钱时十分吝啬，十岁以下的孩子每星期只有三毛钱，并且要他们记清每笔支出的用途，领钱时交给他审查，钱账清楚、用途正当的，下周零用钱还可递增五分，反之则递减。

如果零用钱不够的话，孩子们可以通过做家务赚取。例如，捉到一百只苍蝇能得一角，逮住一只耗子得五分，背菜、垛柴、拔草又能得到若干奖励。后来当选为副总统的二儿子纳尔逊和兴办新工业的三儿子劳伦斯，还主动要求合伙承包全家人的擦鞋业务，皮鞋每双五分，长筒靴每双一角。他们十一二岁的时候还合伙养兔子，把兔子卖给医学研究所。

正是因为有了洛克菲勒这样重视教育并且懂得教育的好父亲，

洛克菲勒家族打破了"富不过三代"的魔咒,不仅子子孙孙成才者众多,而且让社会大众广为受益。

第四,好父亲是爱好运动、顽强不屈的。

中国青少年研究中心与北师大的合作研究发现,中小学男生最擅长的学习方式有四种——运动、实验操作、使用计算机和参与体验,而女生更擅长语言交流和阅读。今天的中小学生最需要补的课就是运动。实际上,运动绝不仅仅能强壮身体,更能强悍心灵。而父亲在运动这方面,比母亲有天然的优势。父亲是孩子运动最好的榜样,也是最好的教练。

北京大学教授、北大附中原校长康健就是一个范例。

> 康健教授的儿子康康出生时才2600克,从小就有些柔弱,不爱运动。康健教授为其制订了健康第一、体育为主的家教方案。从儿子会走路到初中毕业,十多年的时间里,他每天都带孩子进行至少一小时的体育锻炼,严格训练,从未间断。周围许多父母都带孩子参加补习班和兴趣班,以期提高孩子的学习成绩,发展他的各种特长。康健教授不为所动,他认为,孩子最需要的就是体育锻炼。
>
> 康康上小学高年级时,快放寒假了,学校里有两个训练班可以选择,一个是奥数班,一个是专业足球班。康康喜欢数学,也喜欢足球,但没有勇气参加专业足球班。康健教授还是鼓励儿子参加了专业足球班。那个寒假让康康至今难忘,因为那是他经历过的最艰苦的日子,每天从早

> 晨到晚上，都在进行高强度的训练。从那以后，康康觉得自己真正成为男子汉了。如今，康康长成了身高1.80米的棒小伙子，学习和工作都很优秀，并且已经成为一个父亲。

▶ 究竟怎样做
才能成为好父亲？

以上这四个好父亲的品质，说实话，很多父亲都很难完全兼顾，但是，这给了我们努力的方向。所以，要成为好父亲，我们应该怎么做呢？

第一，做智慧型父亲，尊重孩子的独立人格。

父母生育了孩子，无形中就产生了一种心理优势：我生你、养你，你是我的，你得按我的要求、我的希望去做……因此，从表面来看，父母像对待小皇帝、小公主一样对待孩子，但在他们心里并不一定承认子女的平等地位和个人选择的机会与自由。正是这些传统思想造就了许多粗暴的父亲，这些父亲极不尊重孩子的独立人格。

父亲要避免粗暴，用更有智慧的方法来对待孩子在成长中出现的问题，首先要做到的便是尊重孩子的独立人格，即尊重孩子的未成熟状态，尊重孩子选择的权利、犯错误的权利。

我想，没有尊重就没有教育，只有受到尊重的人，才能真正拥有自尊，而有了自尊才能学会做人。孩子虽然年龄小，经验不足，但再小的孩子与大人也是平等的。

第二，做宽容型父亲，让孩子在体验中快乐成长。

孩子做事不妥当或犯了错误，常常与他的生活经验不足有关，或者说与其社会化程度低有关。成年人务必给予理解，做出合乎情理的分析，不宜夸大问题的严重性，更不应曲解孩子的动机。

同时，孩子犯错误之后，往往有后悔自责之意，这正是接受教育的黄金时刻。此时，如果父亲以宽容之心和颜悦色地同其剖析事情原委及是非曲直，孩子可能就会字字入心、声声入耳，获得进步的推动力。相反，如果父亲不问青红皂白，猛批猛打，不给辩解的机会，孩子也可能会因恐惧而撒谎、抗拒、出走等，使问题复杂化，甚至演化为一场悲剧。

有这么一个父亲，当他发现儿子和几个小伙伴在偷偷吸烟时，他并没有当面指责，也没动用粗暴手段，而是用他的尊重与宽容，晓之以理，让孩子自己做出了选择。

设想一下，如果这个父亲是一个粗暴的人，发现儿子偷偷抽烟时火冒三丈，会抑制不住自己的怒火当着他人的面训斥孩子，孩子一旦表现出少许的不敬，父亲还有可能会对其拳脚相加。这样一来，儿子的面子没有了，在朋友面前的尊严也没有了，而这些都是青春期的孩子特别在意的。青春期本来就是一个充满叛逆的时期，处于青春期的孩子有可能因为尊严受到侵犯而顶撞父亲，父子之间的冲突就会升级，孩子极有可能为了反抗父亲而继续抽烟，甚至变本加厉。

反之，父亲的尊重使孩子反思了自己的行为及其对前途的影响，于是他做出了不再抽烟的决定，因而这种决定具有很强的持久

性。苏霍姆林斯基曾说过:"有时候宽容引起的道德震动比惩罚更强烈。"

可以说,宽容是一种智慧,是一种特殊的爱,是一种胜过惩罚的教育。父亲有了宽容之心,教育效果会格外明显,因为严父的宽容让孩子更为难忘。

第三,做体贴型父亲,让孩子感受到父爱。

中国人常说"严父慈母",许多父亲为了保持所谓的面子,往往把父爱隐藏得很深,深到幼小的孩子根本无法感知。但是,没有被孩子感知的父爱对孩子没有影响力,孩子无法理解的父爱对孩子其实也没有影响力。

还有更多的父亲不善于表达爱。他们爱孩子,但不知道以什么样的方式来表达。

孩子需要的是一个能摸得着、看得见的老爸,一个体贴的老爸。

要做到这一点,父亲需要突破两大障碍:一是勇于表达爱,二是学会表达爱。

父亲要勇于表达爱。对孩子表达爱并不会危及父亲的权威,孩子需要的是一个有血有肉、有说有笑的父亲,而不是整天板着脸、满脸写着威严的父亲。

人是感性动物,孩子只有在情感上认同父亲,才更容易听从父亲的指导与命令。在儿童、青少年时期,孩子既需要来自母亲的接纳与关爱,也需要来自父亲的接纳与关爱。来自父母双方的接纳与温暖,更有可能让孩子体验到家庭的温暖,缺少了任何一方,孩子感受到的爱都会变得残缺不全。

有些父亲担心关爱会让男孩变得脆弱,这大可不必。心理学研究表明，来自父亲的关爱会让孩子的安全感得到极大的满足，男孩会因此更大胆地探索未知的世界，敢闯敢干，充满探索与冒险的意识。遇到危险的时候，来自父亲的关爱会让他直面困难，想办法克服困难，因为他知道父亲是他可靠的臂膀、坚实的后盾。来自父亲的关爱会使女孩感觉更加温馨，父亲的温情与欣赏会让她知道如何成长为一个好女孩，让她在与其他异性打交道时更加自信。

父亲还要学会如何表达爱。表达爱的方式其实有很多，只要发自内心，一言一行或者一颦一笑都可以表达对孩子的关爱。用言语表达对孩子的关爱是最常见的一种方式，父亲可用一些积极的语言来表达关爱，直白一点儿的不妨用"爸爸爱你"，稍含蓄一点儿的则可以用间接的表达方式——"爸爸开心得不得了"。对于年幼的孩子，他的理解能力还很有限，直白式的表达最好，最容易使他感受到父亲的关爱。随着孩子年龄的增长，父亲可以用含蓄一点儿的方式，但直白式的表达仍然适用，仍然很重要，任何年龄段的孩子都需要确认来自父亲的关爱。

除了言语，父亲的行为当然也可以表达爱。一个亲吻、一个拥抱，让孩子感受到父亲热烈的爱；一个微笑、一个手势，让孩子感受到父亲真挚的爱；一杯热茶、一把雨伞，让孩子感受到父亲体贴的爱。只要有心，只要敢于表达，父亲可以找出许许多多表达爱的方式。

第四，做沟通型父亲，学会与孩子沟通。

在沟通方面，父亲经常会犯两个错误：一是不会听，他们经常听得太少；二是不会说，他们经常说得太多。这两个错误，许多父亲往往一个都不落。要成为一个好父亲，这两个错误都要改掉。

如何改掉这两个错误，成为一个擅长沟通的父亲呢？

首先，也是最重要的，就是父亲要学会如何倾听。著名哲学家苏格拉底说过一句话："自然赋予我们人类一张嘴、两只耳朵，就是让我们多听少说。"这真是一句至理名言，值得广大父亲反思、反省。

当孩子表达出沟通的需求时，父亲要放下手中的事情，把注意力集中于孩子身上。父亲不能一边看电视或玩着手机，一边听；也不能表面上假装在倾听，其实脑袋里在想其他的事情。专注意味着这段时间是属于孩子的，倾听是父亲的唯一任务。专注的做法是用眼睛望着孩子，用心去听懂孩子的话。

当孩子伤心或高兴的时候，孩子言语中的情绪是父亲需要听懂的东西，这种倾听要运用同理心把孩子的情绪、情感映射出来，并最终接纳孩子的情感。

对父亲来说，倾听的最大好处可能就是孩子愿意把他当朋友，愿意与他分享自己生活中的喜怒哀乐，愿意听从他的建议。最长远的好处就是当父亲年迈时，他愿意坐下来倾听父亲的心声。

虽然对父亲来说，沟通主要是听，但也需要学会恰当地说。

当孩子体验到成功时，父亲要学会用描述性的方式来表扬他，孩子可以根据父亲的表扬自己得出一个积极的结论，这有助于孩子形成积极的自我概念。当孩子犯错误时，父亲也要学会用描述性的方式来批评他，通过描述不好的行为本身及父母对此的感受，让孩子自己得出行为不妥或错误的结论。当然，当孩子受挫折时，父亲更要用积极的语言鼓励他。

所以，如果该说的时候不说，那做父亲的就失职了。

好父母成功锦囊 VII

父亲在孩子的成长过程中担任着很重要的角色，这关系到孩子的体格成长、个性品质的形成、智力的发育、交往能力和性别角色的正常发展，所以在孩子的成长路上，父教不可或缺。

好父亲会努力具备以下优秀品质：是非分明、坚持原则，胸怀宽广、大度包容，勤劳节俭、自律自制，爱好运动、顽强不屈。

要想成为优秀的父亲，我们需要朝以下方向努力：做智慧型父亲，尊重孩子的独立人格；做宽容型父亲，让孩子在体验中快乐成长；做体贴型父亲，让孩子感受到父爱；做沟通型父亲，学会与孩子沟通。

08 隔代教育的问题要怎么破?

一个小学男生写过一篇很有意思的作文,我来跟大家分享一下。作文标题叫作《爷爷是我的保护伞》,里面是这么写的:

> 爸爸就会说我淘气,其实他根本不管我。我饿了,是爷爷给我做饭吃;我困了,是爷爷给我铺床;我的作业不会做,是爷爷教我做。爸爸如果说我,骂我,我就告诉爷爷,爷爷就帮我骂爸爸。在我眼里,爷爷就是我的保护伞,所以我一点儿都不怕爸爸,有的时候我还会成心气他。
>
> 有一次,爸爸下班回来,他去厨房盛饭,我便偷偷在厨房门口放了一个小凳子。爸爸没看清,被凳子绊了个趔趄,手里的饭碗摔在了地上。看到爸爸发火了,我连忙跑到爷爷房间,躲到爷爷身后。爸爸气呼呼地跟进来,对爷爷说:"这孩子学坏了,我必须揍他一顿。"爷爷问明了事情的原委,不以为然地笑了笑,说:"你这么大的人了,自己不小心点儿,笨不笨?怎么还拿孩子撒气?好了!吃你的饭去。"我听着就偷笑了。

你看,这样一篇小小的作文,真实地反映了两代人教育理念上的不同。

我们国家是世界上为数不多的普遍存在隔代教育问题的国家。

在国外，孩子很小就上幼儿园，十八岁独立成人，基本上不存在隔代教育。而在我们国家呢？城镇里多数孩子生活在隔代教育的家庭里，孩子的年龄越小，与祖辈一起生活的人数比例就越高。

看完上面的那篇小作文，不少人在心里犯嘀咕了：这就是典型的隔代教育的问题啊！爷爷惯着孩子，爸爸无可奈何，对其严加管教，孩子不但不听，还离爸爸越来越远。这种情况实在让人伤脑筋。

▶ 隔代教育究竟是好还是坏？

仔细想想，隔代教育就真的没有好处吗？其实，并不是的。客观地说，老年人带孩子的确有一定的好处。

有人曾经总结出隔代教育的三大优势。

首先，对孩子的发育成长有利。有些父母很希望老人带孩子，主要是因为老人比较有经验，能确保孩子的身体健康。很多神童的出现，也是因为有知识经验丰富的祖辈进行超前引导，才脱颖而出的。

其次，对孩子的父母有利。孩子的父母工作忙，爷爷、奶奶、外公、外婆帮助照顾孩子，父母就没有后顾之忧了，可以专心于事业。

最后，对老人有利。老人帮着带孩子，不仅可以减少他们的孤寂，还可以让他们从孩子的成长中获得生命活力，让他们老有所

为，发挥余热。与孙辈玩耍的天伦之乐对帮助老人保持健康和积极向上的心态大有裨益。

但是，关于隔代教育，也别着急下结论。咱们再从另一面来看这个问题。

有调查证明，祖辈带孙辈成功率较低，失败率较高，而失败的原因主要有以下四点：

第一，偏袒护短。一些老人带孩子往往溺爱无度，任何规矩都不放在眼里，孩子自然变得任性顽劣。当父辈批评教育孩子的时候，祖辈老人却反过来袒护孩子，当着孩子的面责怪他们的父母："对孩子那么凶干吗？你忘了你小时候啦？尿床、打架、逃学，还不如你儿子听话呢！"这样一来，孙辈立时有了靠山，完全不把父母放在眼里，教育于是变得困难重重。

第二，包办代替。在现实生活中，我们常会看到这样的情形：放学的时候，公交车上十分拥挤，一个小学生悠闲自得地坐在座位上，嘴里吃着点心；而他的奶奶正摇摇晃晃地站在旁边，一手拉着扶手，一手拿着水杯，还要替孙子背着书包。

曾有专家做过一个研究，将从小在托儿所、幼儿园长大的孩子，与祖父母或外祖父母带大的孩子进行心理比较，发现两者有很大的不同。那些在幼儿园长大的孩子群体意识强，适应能力好，社交圈子广，胆子大，能吃苦，许多事都能自己动手做。而由祖父母或外祖父母带大的孩子则不然，有的已经很大了，还要老人接送；事事不愿动手，像提书包这样的事都要别人代劳；稍不如意就撒娇哭闹，甚至和同龄孩子都难以相处。

第三，观念陈旧。有一个女孩，学习成绩不错，还是班里的学习委员。可不知为什么，有一段时间她忽然变得自信心不足，总是唉声叹气。经妈妈一再询问，孩子才说出自己的担心："我的学习成绩会不好的。"妈妈奇怪地问："你的成绩不是一直很好吗？为什么会有这样的担心？"女孩说："听奶奶说，女孩长大以后就会变笨的，竞争不过男孩。"

显然，老年人的一些陈旧的思想观念对孩子是有直接影响的。但我们并不能因此责怪老人，因为许多祖辈文化水平低，思想老旧，这也是旧时代造成的。我们要学会让老人接受新观念，在教育理念和方法上跟上时代的脚步。

第四，会产生亲子隔阂。亲子隔阂包括两个层面的含义：一个是祖辈与父辈的隔阂，一个是父辈与子辈的隔阂。祖辈对孙辈过于溺爱、娇纵、放任，父辈看不惯会从中矫正，但当父辈管教孩子时，祖辈却加以阻拦，这就会导致祖辈与父辈的矛盾。同时，祖辈的过分宠爱和父母的严格管教，会使孩子在感情上形成错觉：只有爷爷、奶奶爱我，爸爸、妈妈不疼我。父辈与子辈的亲子隔阂便这样形成了。

▶ 隔代教育问题
是怎样产生的？

隔代教育的问题，关键在于教育理念和教育方法的不一致。父母要管，但老人溺爱，孩子就找到了避风港，爷爷、奶奶、外公、

外婆，都变成了孩子的保护伞。这种教育上的矛盾，会让孩子缺乏爱心，不懂体贴，恣意妄为，不守规则，最终养成顽劣、冷漠的性格。这对孩子的成长非常不利。

其实，在实际生活中，教育观念和教育方法的差异并不完全以年龄为界，老年人的观念未必落伍，年轻人的观念未必现代。因此，两代人完全可以取长补短，相辅相成。

某年冬天，我应邀到辽宁某地讲课，接待我的妇联主席告诉了我一件刚刚发生的事情。

她亲戚家的一个小男孩很淘气，在外面闯了祸，妈妈急了要揍他。谁知爷爷却不干，一个劲儿地护着孙子，就是不让儿媳动孙子一根手指头。儿媳也是倔脾气，甩手回了娘家，很多天不回来。孙子想妈妈，爷爷没办法，就让女儿装成孙子的班主任，给儿媳打电话，让她回来。谁知，儿媳听出了声音有假，更加生气，大吵大闹起来。

这件事让我很感慨，为了一个孩子，全家闹得不得安宁。隔代教育的确存在很多问题，但并不意味着祖辈与父辈就没有办法合作教育孩子了。这需要年轻父母和祖辈们共同寻求一种更好的方法来扬长避短。一方面，父辈与祖辈在教育孩子的问题上应当多沟通，尽量为孩子多想一些；另一方面，祖辈也要不断更新教育观念和教育方法。

以上面的故事为例，爷爷的脾气可能大了一些，但他坚决不让打孩子的做法是对的，也是符合《未成年人保护法》原则的，孩子的妈妈应当理解和配合。而爷爷对于孙子的过错也不能一味无原则地袒护，应该用便于孩子接受的方法认真指出来，让孩子清楚地知道自己的行为是错误的，妈妈的批评是为他好，使孩子逐步树立是非观念。这种教育理念和方法上的差异，反而能弥补各自的不足，岂不是一件好事？

有些家庭的餐桌上常会有一两道孩子的专利菜，一般是爷爷、奶奶特地为孙子、孙女做的，孩子当然也认为这是自己独享的，一旦别人染指，就会大哭大闹、不依不饶。此时，父母应该提醒老人，无论多么小的孩子，都要学会在与别人的分享中获得快乐，千万不能让孩子养成吃独食的坏习惯。

令我感动的是，每当我在各地讲课的时候，总有一些白发苍苍的老人在认真听课，他们甚至做笔记，提问题。我看过一个报道，辽宁省有一所隔代父母学校，先后有八百多位爷爷、奶奶、外公、外婆在这里学习并取得了显著效果。愿意到这里上学的老年学员越来越多。一位爷爷表示：自己退休多年，现在儿子、儿媳工作特别忙，没有时间照顾上小学的孙子，这任务自然就落到了自己和老伴身上。他和老伴担心自己在知识储备和思想观念上太落后，无法教育好孩子，于是决定到这所学校来好好学学。

对于祖辈来说，无论有无机会专门学习，都应该自觉掌握新的教育理念与知识。特别是在培养孩子方面，老年人一定要跟上时代步伐。比如，要让孩子做到德智体美劳全面发展，而不是单纯照顾好他们的生活和督促他们学习文化知识。同时，还要特别注意给孩子灌输诚信观念、法制观念，切实培养他们尊敬长辈、热爱劳动、勤俭节约、勇于创新的好品质。

▶ 如何克服隔代教育问题的弊端?

结合上面所说,我们会发现,隔代教育就像一把双刃剑,带来的影响好坏参半。不过,只要能辩证地看待这个问题,再掌握下面的四条原则,我相信,你一定能很好地协调隔代教育中的关系。

第一条,尽量亲自抚养孩子。

俗话说,三岁看老,教育家认为,三岁决定一生。也就是说,婴幼儿时期的养育状况,将对人的一生产生关键性的影响。因此,对于年轻父母来说,第一位的选择是自己亲自抚养孩子,而不可轻易将责任推向祖辈或其他人,更不宜把对孩子的抚养权、教育权完全交给祖辈。自然,送孩子进托儿所和幼儿园,也是父母亲自抚养孩子的一种合理而有效的辅助形式。

父母亲自抚养孩子的做法,是国家法律法规倡导的父母要承担家庭教育的主体责任要求,也是最有益于亲子双方身心健康的做法。当然,在特殊的时候,完全由父母抚养孩子是非常困难的,甚至几乎是不可能的,这时可以请老人或其他人适当地协助自己,但教育孩子的主要责任不可推给他人。

第二条,抚养孩子需要有相应的资格。

教育孩子是世界上最神圣而复杂的工作,自然需要具有相应的资格。用一句通俗的话来说,做父母是需要上岗执照的。经过我们多年的研究认为，在当今社会，合格的父母需要具备五种素质，即现代的教育观念、科学的教育方法、健康的心理、良好的生活方式、平等和谐的关系。这五种素质达到及格水平的父母即为合格父母，这五种素质达到优秀水平的父母即为优秀父母。

所以，父母首先需要学习，努力具备合格父母的五种素质。如果要请祖辈协助自己带子女，也需要先看看老人是不是具备这些素质，还得看老人的身体健康状况，基本符合条件才可以托付。总之，要坚守儿童利益优先的原则。

第三条，尊重老人，经常交流。

在父辈与祖辈联合养育孩子的过程中，是很容易发生冲突的，这就需要做好心理准备。当产生矛盾时，年轻父母要特别注意不要当着孩子的面和老人发生争执，可以私下交流。对于老人溺爱孩子的行为，年轻父母可以在一旁提醒，请求老人配合；也可以提供机会让老人多读一些教育类书籍，多看看教育方面的报纸杂志，或这一类的电视专题节目，了解一些现代家庭教育的基本知识与方法；还可以共同协商建立必要可行的规则，对双方教育孩子都提出一定要求，从而保证教育的一致性。只有两代人统一认识，明确目标，步调一致，才能更好地教育孩子。

这一条需要特别注意的是，当祖辈或父辈对孩子进行教育时，另一方务必不要出面干涉。应努力维护对方的权威，不能让家里出现两种不同的声音，避免让孩子无所适从，或者借机寻找避风港。要充分利用祖辈与父辈养育孩子的各自优势，经常探讨孩子的培养方法，创造一个和谐开放的家庭氛围。

第四条，永远不放弃教育孩子的第一责任。

父母是孩子的监护人，自然就是教育孩子的第一责任人。即使祖辈把孩子带得再好，父母也不能放弃自己这一方面的责任。首先，一定要挤出时间，经常与孩子玩耍、游戏，保持直接的亲情交流。其次，要予以祖辈更多更好的理解和支持，尽量减轻他们的负担。

祖辈有充裕的时间和丰富的育儿经验，但可能缺少现代的教育观念和方法，这就需要年轻父母提供具体有效的帮助。比如，当孩子犯了比较大的错误，年轻父母要先跟祖辈沟通，提出处理方法，并争取老人的理解和配合。然后，两代人用同一个原则，心平气和地与孩子谈话，讲道理，最后对孩子进行惩罚，比如，禁止周末出去玩，或者几天不许看电视等。这样一来，既可以培养孩子的自制和自理能力，也让孩子明白：爷爷、奶奶不是自己的保护伞，自己犯了错就要承担责任，接受惩罚能帮助自己吸取教训，获得进步。

好父母成功锦囊 VIII

隔代教育有利有弊，我们需要看到它的优势，也需要理性看待它所带来的明显弊端。

▼

隔代教育的问题，关键在于两代人的教育理念、教育方法的不一致。但是，两者的差异并不完全以年龄为界，老年人的观念未必落伍，年轻人的观念未必现代。所以，两代人完全可以取长补短，相辅相成。

▼

隔代教育就像一把双刃剑，带来的影响好坏参半。不过，父母只要能辩证地看待这个问题，再掌握四条原则，就能很好地协调隔代教育中的关系。这四个原则分别是：第一，尽量亲自抚养孩子；第二，抚养孩子需要不断提高教育素养；第三，尊重老人，经常交流；第四，父母永远不能放弃教育孩子的第一责任。

09 爸妈分开了,孩子最害怕什么?

据民政部门统计，从2003年到2017年，我国的离婚率已连续十五年上涨。最新数据显示，2019年三季度，我国的离婚率高达44%。

从婚姻观念来讲，部分离婚体现了当代人对真正的爱情、幸福的婚姻的追求，从某种意义上反映了社会的文明和进步。所以，人们对离婚也抱着越来越宽容的态度，但这只是成年人的立场。

《重庆晨报》上曾经登载过这么一篇报道，记录了一个十岁孩子因父母闹离婚而产生的烦恼：

> 天使之吻：我的爸爸、妈妈现在分居了，我好害怕他们会离婚。
>
> **晨报QQ**：那你怎么办呢？
>
> 天使之吻：我今年十岁，现在主要跟妈妈住在一起，有时也会到爸爸那边去。我不想这样，我想三个人住在一起！
>
> **晨报QQ**：他们在哪儿住呢？
>
> 天使之吻：妈妈住在龙湖，爸爸住在西来寺，好远的。在妈妈这边，她要我说爸爸不好；在爸爸那边，他又要我说不喜欢妈妈。我好累啊，要两边讨好。他们就像敌人一样，互相仇视，想到这些我晚上经常睡不着。
>
> **晨报QQ**：你知道爸爸、妈妈为什么变成这样吗？

> 天使之吻：因为爸爸爱喝酒，喝多了就要酒疯，很吓人。
>
> 晨报QQ：大人的事情，小孩子也管不了。你只要记住，爸爸还是你的爸爸，妈妈也还是你的妈妈，他们对你的爱是不会变的。
>
> 天使之吻：我知道，前天爸爸要去北京玩，还叫我去，可我没去，因为我不想让妈妈伤心。我真的希望他们能够和好，我们一家人高高兴兴地出去旅游。

从这个十岁孩子的内心世界我们能看到，对于父母离婚，孩子的内心充满了不解和忧郁。一项对儿童自杀问题的原因分析显示，父母离婚是导致儿童自杀的第二大原因，仅次于过重的学习压力。

▶ 父母离婚会给孩子带来怎样的伤害？

在这里，我要提醒那些离婚的父母，分开纵然有上万个理由，却万万不能忽略孩子的内心感受，否则，父母离婚带给孩子的可能是毁灭性伤害。

我们常常看到，单亲家庭的孩子会因缺失父爱或母爱而感到压抑、抑郁，变得自卑、胆怯；或者会因为长期生活在父母的争吵、

谩骂声中而变得脾气暴躁，产生逆反心理，甚至走上犯罪道路。

一个大学生曾经给我写过一封信，他在信里说：他读初中的时候，父母离婚了。他每天很害怕回家，因为不想听到母亲对父亲的咒骂，每次回家心里就很痛苦。他一直认为，自己活在没有温暖、没有爱的世界里。虽然，他后来考上了大学，长大后也渐渐能体谅母亲的心情，但是，每当回想起过去的事情，他的心中仍隐隐作痛。他还在信末提出一个希望：希望所有的夫妻都能为对方着想，予以对方支持和祝福。

从以上例子，我们可以发现，有的父母分开之后，不能理智地处理孩子的教育问题。很多人一离婚就谴责对方，相互怨恨，还限制孩子与对方见面来往，这就在孩子心中播下了仇恨的种子，使孩子对爱情不信任，对婚姻产生恐惧感，甚至对整个人生怀有疑虑。

2019年8月15日，民政部发布了《2018年民政事业发展统计公报》。公报显示，2018年，全国依法办理离婚手续的夫妻共有446.1万对，呈上升趋势。

> 父母离异如果忽视孩子，其对孩子造成的伤害仅次于死亡，这是有关调查的结论。后果为什么会如此严重呢？我一直难以忘记蓝极速网吧案件的重大悲剧。
>
> 2002年6月16日凌晨二时四十分左右，北京海淀区学院路20号院内的一家名为"蓝极速"的网吧燃起熊熊大火。
>
> 二十五条鲜活的生命在大火中丧生，多人受伤，数人重伤。这些死者和伤者中的许多人是附近几所大学的大

学生，他们的人生才刚刚翻开最美好的一页，如夏花般灿烂的生命便戛然而止……

警察很快就抓到了两个纵火犯宋某某和张某某。据媒体报道，带他们回公安局的路上，这两个孩子还嬉皮笑脸地告诉民警："叔叔，那事是我们干的。"预审的时候，张某某满不在乎地交代了作案动机："是我把网吧点了，就是烧了。因为他不让我们玩，别人都可以去玩，他偏不让我们去玩。"宋某某更是理直气壮："我就是要杀了他们，就因为网吧不让玩。"

令人感到震惊的是，作案的是四个未成年人：

宋某某（男，十四岁）；

张某某（男，十三岁）；

刘某某（男，十四岁）；

张某某（女，十七岁）。

这四个孩子大部分都是来自离异家庭的孩子，父教缺失是他们犯罪的重要原因。

以宋某某为例：

1988年，宋某某的母亲因为丈夫（以下简称"宋父"）脾气暴躁、经常在外面打架斗殴而提出离婚。宋某某不满周岁，就面临着人生的一个重大选择：跟父亲还是跟母亲。大人们用了一个现在看起来有些荒唐可笑的选择方式：孩子在中间，父亲、母亲在两边，孩子选谁，谁就带孩子。

母亲是挺温柔的母亲，父亲是挺刺激的父亲，抱过孩子举得高高的，往上一扔又接着，孩子喜欢刺激，就跑到父亲这边了，孩子就跟着父亲了。然而，厄运就此开始了。

据宋父回忆，刚离婚的时候，他开了一家公司。业务忙的时候，他就把儿子安置在车里，与客户谈生意、吃饭都带着他，甚至去酒吧、洗桑拿都带着儿子。"我总觉得孩子小，他什么都不懂。"宋父后来这样解释。孩子的爷爷奶奶希望孙子能上幼儿园，但孩子一去幼儿园就哭，虽然每个月都按时交钱，但孩子几乎没在幼儿园待过。在宋父的印象中，孩子是个懂事的孩子。"他三岁那年，我喝醉了躺在沙发上，儿子从卧室抱了床被子，因为被子很沉，他是一直把被子拖到我面前的，然后才给我盖上。"

后来，因为涉及某个案件，宋父被警方通缉，在外面躲了三年，孩子交由爷爷奶奶照看。逃亡生涯结束以后，宋父承包了一辆小中巴，赚了一些钱，可是接着就染上了吸食海洛因的毒瘾。宋父回忆说，当毒瘾犯的时候，鼻涕、眼泪一块儿流，一切都不管不顾，甚至当着孩子的面也抽，后来连孩子都知道毒品搁在哪个抽屉里了。

离婚后的宋父先后与三个女人同居，这三个"继母"不但不管孩子，而且经常无端打骂孩子。尤其是第二任"继母"。有一次她用擀面杖抽孩子的手，孩子的手肿得跟猪蹄似的；还有一天清晨，她用高跟鞋砸孩子的脑袋，导致十岁大的宋某某当场晕倒。

宋某某上初中后，宋父的毒瘾更大了，他很少跟儿子沟通。即使父子俩聊天，宋某某也是报喜不报忧。这时的宋某某开始说瞎话，逃学，去网吧，孩子的种种变化很长时间都没有被宋父等人发现。宋某某的爷爷说，一次，他让邻居去学校询问，这才得知孙子已有一个学期没上课了。

2002年初，宋父因再次吸毒被判劳教一年半。宋某某从此再没上过学。2002年3月，宋某某对他的爷爷说，有一个姓张的同学那儿有一间房，让他陪住，此后他就不跟爷爷生活了，搬去跟比他小一岁的张某某一块儿住了。宋某某还把家里的床垫、电视、冰箱、微波炉、洗衣机都拿走了，告诉爷爷说拿去人家家里用，而实际上都给卖掉了，用作上网的费用。自此，宋某某成天过着撒谎、逃学、抢钱、上网的"快乐生活"。

当孩子犯下惊天大罪时，宋父仍在劳教所里接受劳教。

——摘自《好好做父亲》，孙云晓、李文道
北京师范大学出版社，2019年8月第1版

蓝极速网吧案件为什么特别值得三思？因为它极其典型地说明，如果离异的父母完全不负责任，严重忽视孩子的健康成长，并且违法乱纪，那么，被伤害的孩子不仅会人格扭曲，甚至可能疯狂地报复社会。

虽然我们不得不承认，单亲家庭的孩子教育起来确实存在很多

困难，但我始终认为，父母如果能处理好离婚的问题，绝对有可能降低对孩子的伤害。《少年儿童研究》杂志曾经刊登过一篇文章，主人公田淑琴是一个单身母亲。文章是这样写的：

> 田淑琴和丈夫的离婚发生在孩子八岁的时候，原因是丈夫爱上了另一个女人。双方协商决定，女儿跟母亲生活。考虑到女儿的心理承受能力，母亲提出暂时不把离婚的事告诉孩子，只告诉她爸爸出差去了。但女儿想爸爸，直闹得母亲不知道如何是好。结果出差的谎言只延续了两个月，这个理智的母亲就决定把实情告诉女儿。
>
> 她选择了一个周日，带着女儿去公园游玩。玩得高兴的女儿说："爸爸怎么不来和我们玩呀？"母亲抓住这个机会，心平气和地把离婚的事情告诉了女儿。刚开始女儿不愿意相信，这个母亲很冷静地对女儿说："不是爸爸不要我们了，而是爸爸和妈妈之间有了问题，我们不愿再住在一起。但爸爸、妈妈都会像从前一样爱你。只不过爱的方式变了——如果这周妈妈陪你玩，下周也许就是爸爸陪你玩。"女儿年龄小，似懂非懂地问："是爸爸不好吗？"这个母亲很平静地回答："分手不一定是谁有错，只是双方感情出现了问题。不是我们哪个人的错，更不是你的错。"
>
> 当然，女儿知道真相后，有很长一段时间不爱说话，很少在母亲面前提到父亲。有一次，妈妈带女儿回娘家，女儿听到小姨说爸爸的是非，表现得非常激动，她大吵大

闹:"不许说我爸爸的坏话!"

　　这个母亲知道,不能把成年人的恩怨连带给孩子,否则会让她在心里埋下怨恨或自卑的种子。于是,母亲对女儿说:"你小姨说得不对。在爸爸、妈妈离婚的事情上,不存在谁对谁错的问题。"她还开导孩子:"爸爸、妈妈就像你和闹了很大矛盾的同学一样,不能勉强在一起,否则就会不快乐。"后来,母亲给自己立了个规矩:决不在孩子面前以婚姻的受害者自居。她还要求亲朋好友,当着女儿的面不要谈论她爸爸的是非。

　　更难得的是,这个母亲一直提醒自己做个乐观的单身妈妈,陪女儿去兴趣班,逛街游玩,并鼓励女儿和爸爸制订每周出游的计划。渐渐地,女儿适应了生活的变化,懂事了,她开始帮妈妈分担一些家务,并主动关心妈妈,和妈妈谈心。她写了一篇作文《我的爸爸、妈妈》,其中写道:"我的爸爸、妈妈都是很好的人。虽然他们分手了,但他们对我的爱没有改变,我也一样深深地爱着他们。"

　　这个母亲在处理离婚这件事上很有智慧。

　　当然,我们知道,一般来说,离婚会给人造成不小的伤害,双方很容易产生怨恨。但是,为了孩子,双方都应该坚持一个原则:离婚后,父母双方建立和善、谅解的关系,共同爱护孩子,让孩子从父母离异的恐惧中逐渐走出来。离异的父母都要学会在这种高境界和高智慧中维护新的亲情关系。

▶ 单亲家庭的孩子要怎么教？

在许多人看来，单亲家庭的孩子缺爹少娘很可怜，因此大家应该给予其百般宠爱，以至于孩子自己也习惯了索取，变得任性，久而久之，成为问题孩子。实际上，这是一个教育的误区。单亲家庭仍是正常家庭，单亲家庭的孩子也是正常孩子，单亲家庭的父母需确立现代的观念，保持生活的平衡，给孩子以良好的教育。

什么是平衡生活？第一，要心理平衡，认可离婚是人的权利，离婚并不丢人。第二，要关系平衡，父母虽然离婚了，但对于孩子来说，父亲还是父亲，母亲还是母亲，父爱母爱依然存在。第三，要生活平衡，因为太阳照旧从东边出来，所以该怎样生活还怎样生活，并且要生活得越来越好。

具体怎么做呢？我在这里给出七个建议。

第一，与前夫或前妻友好地达成关爱孩子的协议。

一般说来，离婚是夫妻之间的事情，并不是孩子的错，所以双方常常会对孩子充满愧疚。所以，在孩子的问题上，父母比较容易达成谅解协议。

分开之后，不管是父亲还是母亲来抚养孩子，都要以孩子的健康成长为最高原则，化解或搁置个人的怨恨，与对方达成合理友善的教子协议。比如，允许孩子和对方有一定的相聚时间，明确对方每周陪孩子的时间，提出带孩子去看爷爷、奶奶或姥爷、姥姥等，让孩子享受到完整的长辈之爱。同时，父母双方都要保持乐观向上的精神状态，不要让孩子因看到双方痛苦的表情而感到压抑。请记住，父母积极的精神面貌会带给孩子多方面的积极影响。

第二，坦然对孩子说明离婚真相。

有的父母因害怕离婚对孩子产生不利影响，而不愿意对孩子说出实情。事实上，现在的孩子心理承受力远远超出我们的想象，父母完全不必多虑。从法律层面说，他们有知道父母离婚事实的权利，也有表达个人想法和做出自己选择的权利。作为家庭的一分子，孩子也应该有知情权，而且父母离婚后由哪方抚养孩子也应该征得孩子的同意。

当然，告诉孩子父母即将分开，这是一件困难的事，父母要尽可能讲得自然一些、平静一些、正面一些。

孩子知道父母离婚之后，可能会难过、生气、失落，甚至焦虑和无助。在这个时候，父母应该对孩子的生活，尤其是孩子的心灵倍加体贴和关心，尽可能地抽出时间和孩子相处，交流感情。如果可能的话，带孩子出去旅行一次是不错的选择。

在交流的过程中，父母要用温和的语气和态度告诉孩子，离婚是爸爸妈妈为了解决自身的问题，不是孩子的错。父母不应该责怪别人，也不需要自我忏悔，但是，必须清楚地告诉孩子，就算爸爸妈妈无法复合，孩子还是可以同时喜欢爸爸妈妈的，爸爸妈妈也会像过去一样爱他。同时，父母还可以拿一些正面的例子与孩子分享，让他感到自己的生活充满希望。

第三，允许孩子的情绪出现反复。

许多父母在离婚之后，都期待孩子能尽快适应生活上的转变，所以告诉孩子："现在我们家和以前不一样了，所以你要懂事一点儿，独立一点儿！"但事实上，孩子也需要一段调适与疗伤的时间，如果过分要求孩子在短期内急速成长，反而会给孩子造成过大压力。

因此，父母要给孩子一段时间去适应。同时，不管多么忙碌，父母都要让孩子知道自己在忙些什么，要定期与孩子谈谈话，表达对孩子持续的关怀，让孩子的心灵得到安慰。

如果孩子感到委屈或郁闷，想吵想哭，应该让他吵让他哭，因为宣泄具有缓解压力的疗效，父亲或母亲不宜就此指责孩子。当孩子哭闹够了，再和他平静地倾心交谈，往往会有较好的沟通效果。

第四，为孩子保持双性化的成长环境。

为什么要为孩子保持"双性化的成长环境"呢？换句话说，父母离婚后，不要让孩子生活在单一性别的环境里，那样的环境不利于孩子的健康和发展。

实际上，离异的夫妻难免在教育中出现缺失。建议抚养孩子的一方，必要的时候，可以采取选择代理角色的做法。例如，适当、安全地选择异性亲戚或在孩子进行体育活动时为其选择异性教练，与孩子进行交流，让孩子生活在双性别的环境里。

特别要提醒的是，离婚的父母，不要因为担心孩子心灵受到创伤，就百般袒护、溺爱孩子。有些单亲家庭的父母自认为用这种方式可以得到孩子的谅解，从而减轻自己的负疚感，殊不知，这样可能会使孩子骄横任性，令他们的个性得不到正常发展。

第五，不给孩子加压。

经历离婚的双方，一般都需要一段时间平复情绪，这是很自然的。但有的父母，会在离婚后把子女当成自己的唯一希望，这样一来，无形中加重了孩子的压力。有些单亲家庭的父母，还会对孩子提出要求："以后全指望你了，你要好好学习，考大学，为咱家争气！"但要注意，这样的要求会给孩子带来心理压力，让孩子产生恐慌。

所以，明智的父母不要表现出大难临头的样子，夸大离婚对家庭生活的影响，应该平静地对待，帮助孩子调整好心态。

第六，及时和老师沟通。

父母离婚，有可能会让孩子在学校里受到歧视甚至攻击。当遇到这种情况的时候，父母要及时和老师沟通。特别在刚离婚的时候，父母要尽快和老师取得联系，说明情况，请求老师适当关照孩子，并随时随地了解孩子在学校的表现。

而老师最好不要在同学面前谈论孩子父母离婚的事情，尊重孩子的隐私权，保护孩子的自尊心，这是家庭和学校都要遵守的原则。

第七，单亲家庭更需要注重性教育。

之所以要在这里强调一个"更"字，是因为单亲家庭的孩子往往有更强烈的情感需求，他们发生早恋的可能性更大一些。所以，父母分开的家庭，更应当及时对孩子进行必要的性教育。

父母不需要有畏难情绪，如果没有教育经验，可以买一本权威的性教育图书放在家里，青春期的孩子非常需要这样一本书相伴。特别要注意的是，在家庭生活中，还要避免无意之中给孩子带来的性刺激。比如，不应该跟青春期的孩子同床睡觉，父母洗澡或换衣服的时候要避开孩子，等等。对于孩子与同伴的交往，父母也应当给予积极的支持和引导。父母应看到，单亲家庭对孩子进行性教育时，父母婚姻失败的教训或许能给孩子以刻骨铭心的感悟。

好父母成功锦囊 IX

对离婚的父母来说，纵然分开有上万个理由，却万万不能忽略孩子的内心感受，否则，父母离婚带给孩子的可能是毁灭性伤害。

虽然单亲家庭的孩子教育起来确实存在很多困难，但父母如果能处理好离婚的问题，绝对有可能降低对孩子的伤害。

单亲家庭仍是正常家庭，单亲家庭的孩子也是正常孩子，单亲家庭的父母需确立现代的观念，保持生活的平衡，给孩子以良好的教育。

单亲家庭可以通过以下方式保持生活的平衡，让孩子身心健康地成长：与前夫（妻）友好地达成关爱孩子的协议，坦然对孩子说明离婚的真相，允许孩子的情绪出现反复，为孩子保持双性化的成长环境，不给孩子加压，及时和老师沟通，以及更加注重性教育。

10 开口跟孩子谈性教育,你会吗?

为什么要谈性教育的问题呢？如果你有孩子，你会发现很多跟孩子有关的性信息就来了，这会让父母感到特别困扰，因为他们常常不知道该怎么回答。

比如，孩子问你："妈妈，我是怎么来的？你怎么生的我？"你是不是一时感到难以启齿，更不知道该怎么把握尺度，把这件事讲给他听？

又比如，有一天，你去幼儿园接孩子，他神秘兮兮地告诉你，班上有一个男孩和女孩玩结婚的游戏。你是不是一边犹豫着要不要问孩子游戏的细节，一边又犯愁怎么跟他讨论这件事？

孩子渐渐地长大，他自己会在网上浏览很多信息，这个时候，你是不是又担心他会看到什么"不该看"的东西？

……

▶ 幼儿需要
性教育吗？

孩子成长的每个阶段，都可能和与性有关的信息打照面。特别是现在的孩子，会从网络上获得许多性信息，但他们不一定有足够的心智和理解能力，所以，如果父母处理不好性教育的问题，让孩子在性知识上一片空白或者混乱，那么孩子在成长中可能就会碰到麻烦。

国家最高人民法院曾公布的一组数据显示，2015年至2018年11月，全国法院共审结猥亵儿童罪案件11519起。有记者粗略计算，平均每天至少发生8起儿童性侵案件。据犯罪心理学专家、中国人民公安大学教授王大伟估算，性侵害案件，尤其是针对中小学生的性侵害案件，其隐案比例达1∶7。也就是说，每发生7起儿童性侵案件，只有1起会进入司法程序。

和我们中国的总人口数相比，一万多的数字可能只是很小的一部分，但这些案件中每个受害的稚嫩儿童，都是父母的宝贝啊！而这只是受审理的案件数字，还有很多没报警、没被重视或已被冷处理的案件没算进来。事实上，每一天、每一分、每一秒，都可能有孩子笼罩在性犯罪的阴影之下。

我曾经看到过一个案例，现在想起来都觉得触目惊心。

2015年6月，云南龙陵县一所小学的学前班里，发生了一起游戏事件。事情的起因是三个男孩，在教室里用木棍和手指，对班上的十个女孩和十三个男孩的性器官进行伤害。伤害的过程无须赘言，最后的结果是，至少有四个女孩的受伤部位红肿、发炎。

这样的事怎么会发生在学前班里呢？当地教育局后来通过调查发现，这三个男孩都只有七岁，而受害的儿童大多也只有六七岁。他们不过是为了好玩，通过扮演医生来给同班同学做体检，这样的"体检"一共做了三次。

事件发生后，立刻引起了新闻媒体和社会的广泛关注，许多网友在网上指责这些男孩的行为属于流氓行径，也有些网友认为学校和这些男孩的父母应该负相应的责任。

其实，对于六七岁的孩子而言，这种游戏的行为更多是源于孩子的好奇和对性的探究，对其他孩子的伤害也是一种无意的行为，我们不能用成人的视角和道德标准来进行评判。但是，孩子出现这种行为的确反映出家庭和学校对孩子的性教育存在严重不足。

据悉，事发的龙陵县是国家级贫困县，事发的小学坐落于连绵起伏的群山之中，该村的经济水平和教育意识都十分落后，对孩子的性教育更是一片空白。这或许是导致孩子出现这种侵害他人身体行为的重要原因，这也说明，性教育应该从娃娃抓起。所以，永远不要忽视性教育的意义，更不要忽视对幼儿的性教育。

当然，现在的年轻父母，一定早就知道了性教育的重要性，对大家来说，真正的难处可能在于，不知道在孩子几岁的时候开始进行性教育，怎么对孩子开口讲性，以及随着孩子逐渐长大，性教育措施该怎么逐步升级。

接下来，我就来讲一些实际可行的方法。

▶ 幼儿的性教育
该如何展开？

孩子的性教育要从零岁开始。也就是从孩子出生那一刻开始，对他的性教育就要启动了。

世界卫生组织联合德国的国家卫生部门专门发布了一份《欧洲性教育标准》，其中明确规定：孩子的性教育必须从零岁开始，要以一种全面的、整体的方式来解读性教育，把性教育看作是贯穿人一生的教育，即孩子自出生起就要接受性教育。

该标准认为，在孩子的每个年龄段和发展阶段都可能会向父母问与性有关的问题，出现一些特定的行为，例如，玩医生和护士的游戏，触摸自己的身体，展示自己的身体，看别人的身体，等等。从孩子出生的那一刻开始，他的性教育也开始了。

所以，前面提到的新闻中的那些孩子如果从小接受过性教育，也就懂得如何避免伤害别人，以及如何保护自己，这个事件或许就不会发生。

在对孩子进行性教育时，父母需要掌握科学的方式和方法。

首先，当孩子提出关于性方面的问题，要用孩子能够理解的语言去解释。父母的语言既要生动形象又要简洁明了，避免使用过于抽象的话语和进行可怕的场景描述，否则不仅不能消除孩子心中的疑惑，还可能令孩子产生恐慌。

其次，让孩子学会保护自己。要明确告诉孩子不能随便触摸别人衣服遮挡的部位，更不要让别人随意触摸自己的身体，特别是内衣裤所遮盖的身体部位。除了父母之外，如果有人要触摸那里，就要立即大声喊叫，并马上告诉父母和老师。

同时，需要注意的是，父母是孩子性教育最好的榜样，夫妻双方要在家庭中保持一种良好的性形象。比如，夫妻双方可以在孩子面前表现得相互关爱、彼此照顾，可以有拥抱和亲吻，但不宜展露更为直接的性行为。

如果你的孩子还很小，那么接下来的这几条你就要格外注意了。

针对幼儿的性教育可以大致分三个阶段：三岁以前、三到五岁，以及五岁以后。

在第一阶段，也就是三岁以前，孩子已经开始对性产生好奇了。这时候的孩子，经常靠动作和触摸来感知外部世界，所以有时候就会触碰到自己的性器官。碰到这种情况，父母一定不要采取回避的态度，也不要硬性地去矫正孩子的行为。而是要像教孩子认字一样，告诉他性器官的名称，必要时，还可以通过拥抱、亲吻孩子的身体，来让孩子感受到保护和被爱。

到了第二阶段，三到五岁，孩子就爱提问了。这个阶段，父母可以让孩子从自己的身体入手，了解自己是男孩还是女孩，男孩与女孩有什么区别，这是性教育的第一步。父母可以问孩子"小男孩与小女孩有什么地方不一样"，以此启发孩子对性别的认同，教会孩子自我保护，同时让孩子知道尊重别人的身体界限。比如，不允许别人随便触摸自己的身体，特别是被裤衩、背心遮挡的部位，自己也不可以随便触摸别人的身体。

另外，在这个阶段，我还有一点想提醒家长，幼儿更容易对异性父母产生依恋，比如女儿和爸爸亲、儿子和妈妈亲这种情况。如果你家就是这样，那么我要提醒你，一定要让另一半多参与对孩子的教育，避免出现某一方介入过多，而另一方参与较少的情况。你可不要小看父母间的搭配合作，这对孩子的性心理发育有很大的影响，也决定着孩子未来是否会尊重同性或者异性。

第三阶段，孩子五岁了，上幼儿园了，这个时候是性教育的最佳时期。幼儿园阶段的性教育，是给接下来的小学、中学阶段的性教育打基础的。这个阶段，孩子对外界的认识更清晰具体了，他们提的问题也会更具体。比如还是那个关于出生的问题，以前你可以告诉他"你是爸爸妈妈一起生出来的"，但这样的回答可能已经满足不了五岁或者更大的孩子了，他还会问更具体的细节。

这个时候，父母就要提供更准确的性知识，适当地让孩子知道怀孕、出生的细节。如果孩子的好奇心实在是旺盛，你还可以在恰当的时机，借助相关绘本等形象的描述，告诉他相关的一些生理知识。这样做并不是拔苗助长，而是为了防止他受到错误信息的误导。

▶ 与青春期孩子谈性教育要坚守哪些原则？

随着孩子的成长，其与异性交往的经验对其成长也有着深刻影响。很多父母面对孩子在青春期与异性交往的行为，往往如临大敌，常因害怕影响孩子的学习而对其多加阻挠。

其实，青春期孩子有与异性交往的需要，孩子在这种交往中也会增强其性别意识，使自己的性取向更加清晰。所以，父母面对青春期孩子与异性的交往行为需要给予接纳和理解，并且引导孩子与异性正确交往。比如，要让孩子学会尊重他人，要有责任感，不要影响学习，不要过早发生性行为，要学会自我保护，等等。

总结来说，对于青春期孩子的性教育，我们需要坚守以下几个原则。

原则一：告诉孩子，性是美好的，爱情是珍贵的。

怎么对青春期的孩子进行性教育呢？我觉得最重要的一个观念就是：要把性看作是美好的，把爱情看作是珍贵的，一定要确立这个观念。

面对孩子感情的萌动，有一个妈妈就很不明智。她偷看了孩子的日记，一看到孩子在日记中写了性幻想，这个妈妈就说：真丢人，下流，这么小就这么下流。其实，青春期的孩子产生性幻想是非常自然的事情。这个妈妈还把日记拿到学校给老师看，结果这个女孩就离家出走了。她跟父母没法沟通，痛苦极了。现在的中学生都特别在乎自己的形象，父母到处宣扬她下流，还说她有什么性幻想，最后这个女孩跟父母有了非常大的矛盾。

其实，有一些父母的性教育方法就很值得我们借鉴。我的文学导师、著名儿童文学作家刘厚明先生在世时给我讲过一个故事，我对此很难忘。

刘先生当时在文化部工作，带了一个中国少年艺术团到法国去演出，表演中国的武术。其中一个十四岁的男孩武术表演得特别棒，结果在法国演出的时候，被一个十二岁的法国女孩喜欢上了。

这件事被刘先生知道了，他作为团长觉得这个问题有点儿严重了，就去找这个法国女孩的父亲，要求他管一管自己的女儿。女孩的父亲哈哈大笑说："哎呀，孩子正在做梦的年龄，我们就让她把这个美好的梦做完嘛！"

我们传统的思维很现实：一个中国孩子，一个法国孩子，小小年纪又远隔万里，怎么办啊？这个法国爸爸说："我相信她做了这么多梦，等梦醒来的时候，就知道该怎么办了，不用担心。我希望我的女儿能跟你们这个小伙子一起照一张相。"后来，两个孩子不仅合影留念，还保持了通信联系。

你看，法国的父亲用了一种美好的方式来引导孩子。虽然，中法国情不同，但我有一个基本的观点：教育孩子的前提是了解孩子，了解孩子的前提是尊重孩子。

原则二：告诉孩子，别人不能随便触摸他的身体。

我们应当有一个非常简单明确的性教育的内容。对越小的孩子，你可能越讲不清楚。你跟孩子讲性，讲什么猥亵啊，什么强奸啊，孩子也不明白。其实不用讲得很复杂，我有一个建议，我们要借鉴某些成功的经验。对小孩子，从小就告诉他一个道理："别人不能随便触摸你的身体，你也不能随便去触摸别人的身体，特别是裤衩、背心遮住的部位更不能随便触摸。"

这几句话很重要。你不用讲得很烦琐，就说这样做不礼貌、不文明、不健康、不好。为什么呢？因为每个人的身体都是属于自己的，你有权利保护自己的身体不受别人随意侵犯。一定要告诉孩子这个道理，这样一来，当别人对他这么做的时候，他就会拒绝，就不会愿意这么做。"这样不好，我不愿意，我要告诉爸爸妈妈。"那么，他就能免于受到伤害，他就能够保护自己。

原则三：告诉孩子，再晚也要回家。

中国预防未成年人犯罪的法律中有一条："未成年人不得夜不归宿。"不能夜不归宿，必须回家。但是回家也没那么简单，为什么呢？孩子都是贪玩的，很可能某个时候一贪玩就过了点，这个时候，孩子马上就会想到回家。可他敢不敢回家呢？

如果孩子因为贪玩某一天回家晚了，父母就"乒乒乓乓"打他

一顿，那孩子下一次肯定不敢回家。你要理解孩子，当孩子回来晚了，你可以对他说："你说说原因是什么。你都如实说出来，爸爸妈妈就不会打你。"孩子说完了，你可以帮孩子分析分析：你回家是对的，你以后要注意什么问题，怎样才能保护自己，怎样才是安全的。那孩子就会知道：虽然回家晚了，我并没有挨打，我父母还是对我很好，我明白了要怎么保护我自己，父母才是对我最好的人。这样，你的孩子今后再晚也会回家。

原则四：告诉孩子，性教育是生命教育，也是美的教育。

有一个妈妈讲过这样一件事：

> 我们小姑娘四五岁的时候，就开始关注自己是从哪里来的，就开始问这种问题。我刚开始是每天晚上给她讲她小时候的事，先从她出生下来是什么样，几个月会爬、会讲话讲起。慢慢就发现，好像绕不过那个问题。因为她开始问："我是怎么出来的，怎么就慢慢开始这样的？"这个时候我也开始思考，然后我看了些书，后来我就想了一个主意。
>
> 对于这个问题，我找了各方面的图片，很漂亮的图片，然后自己又进行编辑加工，对文字稍微删改了一下，让内容简单一点儿，字号大一点儿。那天晚上我给她讲了一下，她看了以后特兴奋。她先是看了好几遍，然后隔一段时间再看一遍，隔一段时间再看一遍。就这样，经过一段时间之后，她就可以很正常地接受了。然后我买了一本

> 关于人体的书,叫《人体的器官》,讲得很细。现在,我觉得她好像对这个问题已经很了解了,而且认为是很平常的了。她知道了男孩和女孩有什么不同,也学会了保护自己。

这个妈妈可以称得上是一个性教育专家了,至少她在自己的女儿身上做得很好。四五岁的孩子,根本不可能产生什么激烈的性冲动,根本不可能有危险的尝试,她只会生成儿童的理解,所以我认为这个妈妈的教育是很成功的。孩子这个时候知道了事情的原委,将来就不会那么好奇,会坦然地去面对,知道怎么样爱护自己。

我觉得,中国的性教育有一个缺陷,那就是开始得太晚,孩子都青春期了,才开始性生理知识的普及。在今天的家庭教育中,难度最大的可能也是性教育。据最新的研究发现,如今中国孩子的性发育明显提前:女孩平均9.2岁性发育,12.54岁来例假;男孩平均11岁性发育,13.85岁出现遗精。所以说,我们的性教育应当是贯穿终生的,要在不同的阶段完成不同的任务,特别是要抓住有利时机。

说得深刻一点,性教育是一种生命的教育。孩子觉得每个生命都很珍贵,都很不容易,如果孩子和爸爸妈妈之间的关系是亲密的,他就能更容易搞明白这个问题了。所以我们可以从儿童的权利、生命的珍贵这些角度来考虑性教育的问题。孩子有权利知道这些问题,也有责任保护自己的生命,珍惜自己的生命,因为性是成长的一部分。我想,我们坚持这样一个观念,孩子的性教育就一定会成功。

以上说了很多性教育的原则与方法,但总还是有新的情况照顾不到。刚才讲的那些，大部分都是用来应对孩子的主动提问的，父母能不能也主动出击呢？必须的！要做好性教育，父母一定要主动和孩子谈性，尤其是对青春期的孩子，父母一定要尽早和他们谈性。

也许有父母要说了："我们也不懂性教育，我们也不会讲，那怎么办呢？"别担心，教育专家已经给大家提供了解决方案。

如果你的孩子是幼儿或者小学生，你可以选择一些性教育的绘本，知识传达准确，内容优美自然，它们一定可以成为你展开性教育的得力助手。

如果你家里有一个青春期的孩子，而你又难以对孩子讲清楚性问题，则可以选择一本极具科学性的性教育图书。你可以将这本书作为礼物送给孩子，也可以摆在家里显眼的位置让他发现。当然，让孩子自己看书并不是个一劳永逸的办法，更好的方法是与孩子面对面自然亲切地交流。

💡 好父母成功锦囊 X

永远不要忽视性教育的意义，更不要忽视对幼儿的性教育。

▼

孩子的性教育要尽早准备，最好从零岁抓起。

▼

孩子进入青春期后，与孩子谈性教育需要坚守的原则有四：第一，性是美好的，爱情是珍贵的；第二，别人不能随便触摸他的身体；第三，再晚也要回家；第四，性教育是生命教育，也是美的教育。

▼

父母可以借助专业绘本或相关教育书籍，主动与孩子自然亲切地谈性。

⑪ 孩子离家出走了,该怎么办?

孩子为什么要出走？这是很多父母搞不懂的事。

"平时孩子挺好的，没和家里人怄气，没听说有什么心事，也没表现出什么情绪问题，怎么说走就走了？"

"哪怕打骂他，也是为了他好，不用离家出走让父母担心吧？"

"现在的孩子承受不了一点儿压力，有点儿事动不动就以出走相威胁。"

▶ 孩子为什么会离家出走？

通过调查发现，孩子离家出走主要有三个原因。一是为了逃避学习压力。父母在孩子成绩不理想的时候，常常批评斥责，没有进行正面教育和指导，导致孩子承担了太多学习压力，所以选择出走。二是为了逃避惩罚。孩子在做错事的时候，害怕被惩罚，所以出走。三是负气出走。有些父母对孩子先娇纵，后严厉，结果孩子听不得批评，大人一说就负气出走。

一、逃避学习压力型离家出走。

压力，这个在过去似乎只是成人世界的名词，如今已成为每一个中小学生所面临的必修课程。巨大的学习压力是引发孩子离家出走的最主要原因。

> 2014年3月20日，四川自贡两个初二女生小陈和小张感觉学习压力大，分别向父母要了三百元钱后便离家出走了，父母苦寻三天无果后向警方求助。3月28日，自贡警方在成都一网吧内找到了两个女学生，随后将其送回家中。
>
> 2014年11月，新疆吐鲁番市鄯善县十七岁的高三学生阿依古丽因学习压力大，轻信他人，乘火车准备去江西南昌打工，家人发现后及时报警。几天后，陕西省安康市旬阳车站派出所民警将阿依古丽找到，并将其送回家人身边。
>
> 2014年12月8日，山东威海十六岁的小高离家出走。他留下一张字条称学习压力大，实在没信心读书，想去外面闯一闯。其父发现字条后，想到儿子可能乘火车离开威海，便迅速赶往威海火车站派出所寻求帮助。威海铁路公安查到小高于当天九时许上了威海到汉口的火车，最终民警在列车上找到了小高。
>
> 2015年4月27日，湖北宜昌市小学五年级女生小乐（化名）在家中留告别信称学习压力大，携带百余元零花钱与户口本离家出走。27日上午，云集派出所接到求助后，四十余名警察满城展开寻找，两个小时后，在高新区一商场内找到了她。
>
> ……

学习成绩差的孩子压力大容易出走，但并不意味着学习成绩优秀的孩子就不会离家出走。

一个初一的孩子离家出走三天后自己回到了家里，看到担心不已的父母，说："不用着急，我在外面玩得很开心。"三天的时间里，孩子独自骑车四处游玩。让他的父母想不通的是，成绩非常好、各方面都很优秀的孩子为什么会离家出走呢？孩子的回答很简单："平时学习太累了，我就想自己出去放松一下，要是能天天这样自由地出去走走多好啊！"

现在许多学生厌学状况非常严重。《中学生时事报》的一项调查显示，34%的被访中学生说"有时因功课太多而忍不住想哭"，58%的学生说"学习成绩下降，老师会嫌弃"，75%的学生说"父母对上学期的成绩不满意"。面对来自老师和父母的双重压力，35%的学生坦言"做中学生很累"，41%的学生说"有点儿累"；更惊人的是，1/5的学生有过"不想学习想自杀"的念头。

所以，父母们应该懂得，孩子的学习能力是有差异的，不能强求他们做无法做到的事情。对于学习成绩不理想的孩子，家长首先要对其表示理解和安慰，多从正面去教育和指导。尤其对一些先天条件不足又尽了努力的孩子，家长更不能一味地批评斥责他，那样只会损伤孩子的自尊心。

对于学习成绩优秀的孩子，家长要警惕其产生好强、焦虑等心理，防止其因考试失利而心理崩溃；更不能简单粗暴地训斥孩子，逼迫他们去选择一走了之。

二、逃避惩罚型离家出走。

如果孩子十分惧怕自己的父母，在做错事的时候，为了逃避惩罚，就可能会选择离家出走。我们来看一个案例：

> 严小华是个十一岁的女孩，平时父母对她管教十分严格，规定她晚上八点以前必须回家，否则就要惩罚她。
>
> 一天放学后，她和要好的几个女同学去看电影。电影散场后，几个人又一起吃饭，玩得高兴的小华早把父母的规定忘在了脑后，回到家门口时，才发现已经晚上九点多了。一想到自己这么晚回家，肯定得挨训，小华就非常害怕，在楼下徘徊了很久，就是不敢进家门。
>
> 这时，她想起了好朋友林燕的家就在附近，不如去她家借宿一晚，第二天再回家，到那时爸爸妈妈的气也许就消了。于是，小华跑去林燕家里。可不巧的是，这天晚上林燕和妈妈去了外婆家，只剩林燕的继父在家。林燕的继父收留了小华，可是品行不端的他却把年仅十一岁的小华强奸了……

父母应该知道，让孩子怕自己是十分简单的，而这样的后果却是危险的。法律为什么要规定父母是未成年孩子的监护人呢？因为孩子不成熟，因为孩子身上带有不稳定因素，因为孩子未成年。这一切都离不开父母的时刻关注和指导，父母和孩子之间需要建立一种亲密无间的亲子关系。最可亲、最可敬、最可靠的人，是孩子生命的安全支柱。

家长们要明白，许多时候，理解比说教更让人感动，宽容比惩罚更有效。

三、负气出走型离家出走。

爱孩子不是一味地纵容，也不是单纯地严厉。

一个朋友讲了一个真实的故事。

有一个女孩，从小学到中学离家出走过三次，父母担心不已。孩子频频出走的背后，原因是什么？

女孩的名字叫欣雨，从小生活优越，被宠得像小公主，但就是不爱学习，成绩在班里处于中下游水平。老师并不喜欢备受宠爱的欣雨，于是在家访时和她的父母说了不少她的缺点，欣雨为此怨恨老师。升入小学四年级，父母在接到老师的告状电话后打了欣雨一顿，从此便对她严加管束。

一天，爸爸下班回家，还没进屋，就听见喧闹的音乐声，原来欣雨把很多同学请到家里，正在开派对呢。爸爸一气之下，把音乐关掉，把同学们全赶走了。欣雨非常生气，说爸爸不尊重她，一甩门扬长而去，并且一走就是三天。

这期间，父母把欣雨可能去的所有地方找了个遍，都没找到她的影子。三天后，欣雨回来了，但对于自己去了哪里，她闭口不谈，还厉声警告父母："如果你们再对我不好，我还走！让你们永远都找不到！"

父母听了一筹莫展："这是怎么了？我们都很爱孩子，是为了孩子好，可这孩子怎么就要离家出走呢？"

▶ 预防孩子离家出走的关键是什么？

分析孩子离家出走的三种常见类型，你会发现，不管是逃避学习压力，逃避惩罚，还是负气出走，归根结底最本质的原因只有一个，就是孩子的抗逆力差，遇事冲动，缺乏方法，最后只能以出走、逃避来应对。

那么，怎样培养孩子的抗逆力呢？最根本的途径就是要让孩子多体验责任。

首先，父母要让孩子在家中多承担责任。父母可以把家中取报纸、拿牛奶、洗碗等一些简单的家务活儿交给孩子去做，并尽可能长期坚持，培养孩子的责任意识和责任能力。

第二，当孩子犯错误时，父母一定要让孩子自己去承担适当的责任。我们知道，孩子犯错误以后，本能的反应是逃跑。比如，不小心把花瓶打碎了，他的第一反应很可能是说："不是我！"或者马上藏起来。这就是儿童心理，遇到问题就会选择逃避。父母要理解和宽容。但同时要教育孩子：犯错误不可怕，可怕的是犯错误不敢承认，不敢承担，好孩子应该敢于承认错误，能够对自己的行为负责。

中国的家庭教育有一个不好的传统，就是会有意无意地让孩子从小逃避责任。比如，孩子不小心摔倒了，老人就会跑过来抱起

他，然后狠狠地踹一脚地："这地不平，真坏，把我们宝宝绊倒了。宝宝不哭，看奶奶怎么踹它！"似乎宝宝永远是好的，宝宝的错误都是别人引起的，都是要别人来负责任的。

中国父母还有一个典型做法。比如，当孩子把别人家的玻璃打碎了，爸爸、妈妈气呼呼地赶来，对孩子发脾气："你怎么整天给我惹事？快给人家道歉！"孩子说了"对不起"，爸爸、妈妈就会说："快回家写作业去，真讨厌！"这时候，孩子只要老老实实地回家写作业，就万事大吉了，留下爸爸、妈妈在那儿给人家赔礼道歉。渐渐地，孩子会觉得，原来发生任何事情父母都会帮我解决，这似乎是天经地义的事情。久而久之，孩子习惯了回避责任，慢慢就会成为任性、自私、不负责任的人，这是我们教育的一个误区。其实，父母为孩子做得越多，孩子就越脆弱。凡是没有为自己的过失承担过责任的孩子都有很大的依赖性，日后当没有人再替他承担责任的时候，他会无所适从，从而选择逃离和躲避。

孩子是在体验中长大的，体验是不能替代的，成长也是不能替代的。父母不要剥夺孩子体验责任的机会，要让孩子在体验中成长。什么事情最难忘？不是成功和顺利的体验，而是失败和挫折的体验。不论孩子有什么过失，只要他具备一定的能力就应当让他承担责任，这才是现代父母的真正爱心。

▶ 如何对待离家出走后返家的孩子？

应对出走最好的办法就是预防，但是孩子的出走一旦成为事实，父母就应该宽容接纳出走的孩子。如果孩子回到家里，依然感到非常压抑，与父母的尖锐矛盾依旧无法解决，就很可能再次离家出走。那么，在离家出走已经成为事实之后，父母要如何去修复与孩子的亲子关系呢？我有四个具体建议。

第一，自然地欢迎孩子回家。

父母对于离家出走归来的孩子，应该以什么样的态度对待呢？这也是一个很考验智慧的问题。有的父母用眼睛瞪着孩子，潜台词说着：你还有脸回来呀！有本事就别回来啊！这种态度会让孩子感到被冷落甚至绝望，很有可能产生再次出走的想法。父母不如不提孩子的出走，而是热情地拥抱孩子，让已在外面经受磨难的孩子立刻感受到家的浓浓暖意。当然，也不能一反常态，大摆宴席，让孩子错误地产生"出走对了"的感觉。父母的恰当做法是，让家里保持一种自然而温馨的气氛，先让孩子安下心来，然后慢慢地给他讲清道理，解开双方之间的矛盾。

第二，平静地与孩子倾心交谈。

和离家出走归来的孩子交流是非常重要的，需要父母的巧妙安排和引导。出走过的孩子大都经历了坎坷，父母应该给孩子一个安

全、从容的倾诉机会，让他一边讲述，一边思考。当然，父母也应该敞开心扉告诉孩子，自己对于孩子的出走有多担心，找孩子有多艰难，让孩子意识到自己的行为已经产生了不良后果。但要注意，不能越说越生气，导致无法控制自己的情绪，从而引发孩子的反感。如果孩子不愿说自己去了哪里，就不要急着逼问，以免造成新的对立和冲突。因为重要的不是孩子去了哪里，而是离家出走这件事情本身。平静而客观地分析，让孩子心悦诚服是最大的成功。

第三，敢于向孩子说"对不起"。

孩子离家出走，一般来说父母是有责任的。因此，父母要敢于向孩子承认错误，跟孩子推心置腹地谈想法。但不能为了不让孩子出走，就答应孩子的一切要求，做不必要的承诺。父母可以尝试和孩子约定，双方积极地改变自己，相互监督，彼此促进。

第四，用真爱和规则开始新的生活。

孩子离家出走归来，生活应该有新的起点。"新"在哪儿呢？首先，父母应该关心孩子的学习和生活，满足孩子的合理需求，尊重孩子的正当选择。其次，家庭生活是有规则的，而规则是由全家人一起协商制订而成的。所以，孩子如果生活在充满爱、有规矩的家庭里，是不会离家而去的。

💡 好父母成功锦囊 XI

孩子之所以会离家出走,原因无外乎以下三项:逃避学习压力、逃避惩罚和负气出走。

▼

预防孩子离家出走的关键是要培养孩子的抗逆力,千万不能剥夺孩子体验责任的机会。

▼

孩子离家出走之后返家,父母在分析清楚原因之后,可以通过以下四个方法修复亲子关系:自然地欢迎孩子回家,平静地与孩子倾心交谈,敢于向孩子说"对不起",用真爱和规则开始新的生活。

12 逆反的孩子真的没救了吗?

我常常听到一些父母抱怨，说自己的孩子越来越不好管，你说东他往西。本来孝顺、听话的好孩子，变得整天和自己顶嘴。

其实，逆反往往是长大的需要，是独立的需要，是孩子青春期的必然反应。在孩子的逆反行为中可能有珍贵的品质在生长。既然这是孩子生理和心理成长的必经阶段，并且有合理性，那父母就大可不必太着急。只要咱们认真分析原因，采取正确方式就可以从容应对。

▶ 溺爱也会造成孩子的逆反？

一个母亲曾在来信中向我讲述了她的困惑：

> 我的儿子名叫"宇飞"，上小学三年级。从宇飞出生起，我和他爸爸就没让他吃过一点儿苦，虽说我们家经济条件一般，可我们自己还是省吃俭用，尽量满足孩子的要求。我们常对宇飞说，只要把学习搞好了，别的事情都不

用管。儿子很争气，从小学习成绩就好，我们一直以他为骄傲。可这段时间，我们发现孩子变了，变得越来越不懂事，还常和我们顶嘴。

儿子九岁生日那天，我们带他到商场买礼物。刚进商场，他就迫不及待地跑到赛车专柜前，挑了一辆三百元的赛车。三百元钱对于我们来说不是小数目，而且家里已经有很多赛车，但我们不想扫孩子的兴，咬咬牙还是满足了他。正当我们付了钱要离开的时候，宇飞看到一个小朋友买了一辆更大更贵的赛车，他就不走了，非要再买一辆不可。我们当然拒绝了他。他不干了，大哭起来，还赖在地上打滚。看到周围人异样的目光，我和他爸爸觉得很丢人，拗不过他，只好赶快付了钱，拉着孩子逃离了商场。

从那以后，宇飞变得越来越任性，提的要求也越来越过分，稍不顺心就和我们大吵大闹。我真的很困惑，孩子为什么会变得这么自私、任性？

小宇飞的表现属于典型的溺爱型逆反。

现在城市中的很多家庭都是以孩子为生活重心的，大人们对孩子宠爱有加，即使其犯了错，依然无原则地迁就。久而久之，孩子就会产生错觉，认为无论对错，别人都会顺从自己，进而变得自私自利、蛮横无理。当孩子的错误倾向日益严重而父母想管教时，孩子的不良习惯已经养成，自然会出现不服管和与父母对抗的状况。

父母如果意识到孩子的这种逆反是由于溺爱所致，要怎么解决这个问题呢？我认为，要从纠正父母自身的问题做起。

首先，关爱但不溺爱。父母从物质上和精神上给予孩子关爱是必要的，但绝不能无限制地纵容，使孩子心中只有自己，没有别人。天下的父母都爱孩子，却未必会爱孩子。我曾听到过这样一句话，非常有道理："母亲的心总是仁慈的，但是仁慈的心要用得好，如果用得不好的话，结果就会适得其反。"过分的宠爱，实际上剥夺了孩子适当遭受挫折和困难的权利。这样的孩子从小只会享受，不知奉献；只关注自己，不体谅别人。

其次，满足要求要适度。有些父母对孩子的所有要求一概来者不拒，甚至预先准备好一切。这种做法其实并不明智。它会让孩子误以为所有的东西都是唾手可得的，所有的事情都是轻而易举的，因而丧失自立的愿望和能力。父母应该适当地延迟满足孩子的某些需求，尤其在物质方面，让他明白来之不易的道理，学会珍惜和尊重。

再者，敢对孩子说"不"。对于孩子提出的不合理要求，父母要明确地拒绝，并告诉他拒绝的原因，否则他会利用父母情感上的弱点进行要挟。如果孩子在公共场合耍赖、哭闹，父母一定要态度坚决，绝对不能妥协。可以先低声劝告，如果孩子依然任性，父母要狠下心拔腿就走，在孩子看不见又必经的出口等他。当孩子发现耍赖并不起作用时，自然会自己爬起来。有了这样的经历，孩子就会明白，耍赖无济于事，父母做事是有原则的。

▶ 孩子因受挫而逆反怎么办？

青春期的孩子脆弱而又敏感——学习上的困难，父母、老师的一句批评，同学之间的一点儿摩擦都可能影响他们的情绪，使他们灰心、沮丧，甚至觉得人格受到侮辱，自尊心受到伤害。这时，如果他们没有及时得到安慰和开导，就容易产生恐慌，从而用警惕、怀疑、敌视的态度对待周围的一切，对人充满戒备和敌意，也容易和父母发生争执。

一个母亲曾给我讲过她儿子的情况：

> 我的儿子名叫"贤文"，是个非常出色的孩子，他是少先队大队长，年年都是"三好学生"，老师、同学都很喜欢他。他在家里也非常懂事，常帮我做家务，和我特别亲。
>
> 但自从孩子上了初中后就像变了个人似的，变得不爱说话，脾气也非常古怪。
>
> 一天我下班回家，习惯性地问了句："作业做完了吗？"没想到我这随口一问却让他急了："什么时候写作业我自己知道！不用你操心！"
>
> 这还只是开始。此后不久的一天，他很晚才回家，我担

心地问他去哪儿了,为什么这么晚才回来。他没好气地说:"晚又怎么样?不用你管!"我吃惊地看着儿子,觉得他很陌生。

几天以后,我和孩子爆发了一次激烈的争吵。那天,我回家看到贤文在看动画片,就说:"怎么总看电视?多大了还看动画片?作业写完了再看!"说着就随手把电源拔掉了。不料他腾地一下从沙发上跳起来,大吼道:"插上电源!""不许看!"我很强硬。"我就不写!"我更生气了,愤怒地瞪着他。不料他竟冲过来抢电源线,情急之下我打了他一耳光,结果他"砰"的一声甩门而去。

之后,贤文的脾气越来越大,我都不知道该怎么和他说话了。一批评他,他就说:"随你怎么说,反正我就这样了。"

我该怎么办呢?

后来我了解到,贤文就读的中学是全市的重点中学,到了这个强手如林的新环境,他已不再是数一数二的好学生,成绩只能排班级十名左右,而且一直当大队长的他,最近在班干部的竞选中失败了。这使得贤文越来越失落、自卑,而父母、老师也没有察觉到他情绪的变化。内心的压力无处宣泄,他变得越来越急躁,稍不顺心就和父母对着干。

对待青春期的孩子,父母要给予其更多的理解和尊重。对于孩子的急躁情绪,父母千万要冷静,以柔克刚才是上策。针对这样的情况,我有一些具体的建议。

第一，关注孩子的情绪。虽然孩子自认为已经长大独立了，很多话不愿和父母说，但他的内心往往非常脆弱，一旦遇到解决不了的难题，就会背负起巨大的心理压力，如同一只惊弓之鸟。尤其在面临考试、升学或者转学时，环境的变化、学习方法的改变、竞争压力的加大，都可能使孩子无法适应新情况。父母最应该关心的不是孩子的成绩，而是他的情绪，温馨、宽松的家庭氛围能有效帮助孩子缓解压力。

第二，倾听是一种爱。教育孩子不但需要用嘴巴，更需要用耳朵。当发现孩子情绪反常时，父母要寻找适当的时机与孩子谈心，以亲切友善的态度倾听他的心声。对于受到挫折的孩子，最好的安抚方法是让他宣泄，让他在父母关切的倾听中，把事情的经过和心中的委屈充分倾诉出来。做到这一步，问题就解决了一半，另一半在于父母的分析和引导。充分诉说后，孩子一般会产生寻求帮助的心理期待，这是教育的黄金时机。父母首先要表示理解孩子，但分析和引导不可完全迎合孩子，而要实事求是、合情合理，这是教子成功的关键。

第三，永远不把孩子称为"坏孩子"。有的孩子只因学习成绩不好或比较顽皮，就被老师、同学冠以"坏孩子"的称谓，这对孩子的伤害无疑是巨大的。孩子一旦背上这个黑名，很容易自暴自弃，长期受到这种歧视会使他内心充满挫败感，非常不利于他的成长。当父母发现孩子被称为"坏孩子"时，应及时和学校、老师沟通，不但要共同为孩子正名，还要为孩子创造成功的体验，多给孩子表扬和鼓励。如果某一学校确实非常不适合孩子的发展，父母要对孩子负责任，为孩子选择适合的学校。

▶ 压抑型逆反的孩子要怎么引导？

孩子顶嘴实际上是在向父母表达自己的想法，虽然这种方式很极端，但很真实。父母应该从中解读出孩子内心的真实感受。然而，许多中国父母最怕孩子反抗，对孩子最常说的就是"听话"，殊不知"听话"的背后可能潜藏着巨大的危机，太听话的儿童可能是问题儿童。

"听话"的孩子和父母之间看似风平浪静，而问题却恰恰掩盖在未说出的"话"中。孩子全盘接受父母的安排，从不违抗父母的意愿，但不反抗并不意味着没有矛盾，他们只是把矛盾埋藏在心里。随着自我意识的增强，他们越来越渴望成为自己的主人，往往会因此不顾一切地反抗父母的独断专行，激烈的代际冲突难以避免。

下面就是一个这样的例子：

> 俊才是某医科大学的学生，在完成四年学习刚进入实习阶段的那年，却被家人送到了省脑科医院。致病原因很古怪，俊才在实习的医院看到了一具尸体后便昏倒了，实际上，这已经是他第三次因此而昏倒了。
>
> 医科大学的学生接触病人、死人是常事，为什么一具

尸体会导致他出现如此强烈的反应呢？其中的原因竟是他对父亲压抑许久的情绪和积怨所致。

俊才高考那年以六百多分的高分填报了这所医科大学，但这并非他所愿。俊才小时候由祖母一手带大，从小性格内向、心慈胆小的他，连杀鸡都怕，每每乡里邻居杀年猪，他都躲得远远的，就连听到猪死前的一两声惨叫，都会整晚整晚睡不着觉。但是他的学习成绩非常好，在家也是一个乖孩子，受到周围很多人的喜欢。

父母为了给他一个好的学习环境，自初中起，俊才的学校换了一个又一个，尽管小俊才有诸多的不适应，但他仍然勉强自己去努力学习，取得优异成绩。他希望能够考上理想的大学，实现自己当文学家的梦想。因为从初中开始，他写的文章就经常在校报发表；高中后，他随手写的文章和日记投出去，还能刊登三五篇。

可到了高二时，一件事把他的梦想击得粉碎。俊才的母亲是土生土长、老实巴交的农民，父亲却是一个极有抱负的乡镇医生。在祖母突发脑溢血即将去世的那一刻，父亲把不知内情的俊才叫到病危的祖母面前说一定要送他去读医科大学，他找不到办法，就让自己的儿子去找到治脑溢血的办法。然后父亲拉着俊才跪下，要他当着即将去世的祖母发誓。

为了安慰临终的老人，俊才违心地发了誓。本以为这只是父亲的一时冲动，谁知父亲在他填报高考志愿时，真的要他填写医科大学。俊才不同意，父亲就一次又一次地逼迫他，最终，拗不过父亲的俊才只好违心填报了医科大学。

但自从报了医科大学的那天起，俊才就开始怕开学，但终究无法逃避。看着良好的学习环境，俊才的脑海里却总是晃动着祖母去世前父亲逼他发誓的样子。他的学习兴趣总是提不上来，一涉及针灸、手术等与人体相关的课程，他就惶惶不安，因为他从小就害怕这些。

同学们见他总是一脸愁容，几次接触后也就不大主动跟他来往了。俊才凭借着众人难以想象的意志扛过了四年，但是从大二开始就长期失眠，噩梦不断。后来，他不再去教室，并想着重新读高三考其他的学校。他给父母写信，说他尽了所有的努力，但仍然做不到，如果不重读，他会疯的。但是父亲知道了这件事仍然让他坚持下去。

想回去重读父母坚决反对，想离校出走又怕父母伤心，这时的俊才已经濒临崩溃。白天他胡思乱想，晚上才出去吃顿饭，他甚至在夜里出门散步时不知不觉走到了河里。第二天又不知不觉地跑到了姨妈家，见到姨妈就一连声地问："妈妈去哪里了？"而后他又产生了祖母在睡觉的臆想。他三次跑回家里，有时候衣冠不整，有时候自言自语，每次回家都对父母不理睬，而父母却以为他是在赌气。在这之后便出现了他在尸体面前晕倒的情况。

俊才这一次醒来后再也认不出父母，并且开始追打父

> 母。在这种情况下，父亲望着真正疯了的儿子，彻底放弃了当初逼迫儿子从医的凌云之志。父亲只想着让儿子实现他没能力实现的愿望，却没有想到会是这样一个结局。
>
> ——摘编自《拿什么来爱你，我的孩子》，阮梅、孙云晓
> 湖南文艺出版社，2011年1月第1版

引发这场悲剧的原因，正是由于孩子压抑已久的不满情绪没有得到正确的疏导。我们应该从中得到什么教训呢？

首先，选择是孩子的权利。父母遇到与孩子相关的事情时，一定要和孩子商量，给孩子选择的机会，让孩子充分表达自己的观点，千万不要代替孩子做决定，更不要把自己的理想强加在孩子身上。上面案例中的父亲，从未问起过孩子的真实意愿，想当然地替孩子做主，为孩子设计成长道路，在不知不觉中埋下了悲剧的种子。

其次，民主权威型家庭的孩子成才率高。既理解尊重又严格要求的家庭环境最有利于孩子成长。给孩子宽松、自由的发展空间，时常与孩子讨论对各种事情的看法，不断肯定孩子的各种努力，鼓励孩子走向成功。在这样的家庭中长大的孩子，自我接纳程度较高，自信心、自尊感和成就欲望都会比较强，容易练就敢想敢问敢干的创新精神和实践能力。

再者，别在孩子面前扮演全能角色。有的父母为了树立权威，让孩子从小就绝对服从于自己的决定；有的父母担心孩子出错，于是事事包办，几乎像个超人。其实，父母这样做又累又不明智。家长对于青春期孩子教育的基本原则就是理解和尊重。

▶ 面对青春期叛逆的孩子该怎么办？

情绪不稳定、冲动、叛逆、动荡不安是青春期孩子典型的情绪特征。为什么会这样呢？脑科学家认为，人类大脑的前额皮质，主要负责人的高级认知功能，包括做出决定、计划，抑制冲动，同时也和社交活动能力、换位思考能力以及自我认知能力有关。它很重要，却最晚发育，人一直要到二十五岁左右这一区域才会发育成熟。

青春期的孩子时刻希望通过自己另类的言行引起周围人的关注。为了显示自己的独立，他们喜欢对任何事情都采取批判、否定的态度，尤其面对父母的管教，他们会用尖锐、刻薄的反驳来证明自己的与众不同。如果父母在同伴或异性面前管教他们，他们的逆反心理会更加强烈。有些孩子还彼此较着劲，"我在我们家特有地位，我爸我妈管不了我"成为很多孩子在同伴面前夸耀的资本。孩子的种种怪异表现看似不可思议，却是青春期的特点，父母要理解和宽容，也要学会应对。

我们看看范女士的经历，她的做法非常值得广大父母借鉴：

> 星期六早上，儿子起床后来吃早饭，可是他打着赤膊，下身只穿了一条短裤衩。我老公一看就有点儿生气，

冷着脸说："天还不热，干吗只穿短裤，难看死了，快去穿上外套。"儿子一听就跳了起来："我就喜欢这么穿，不冷，很舒服！"老公急了，说："你这小子，怎么父母的话一句都不听？"责备的语气明显加重了。儿子涨红了脸，一边跺着脚往楼上房间里走，一边不服气地叫喊："我穿，我穿！你们烦死了，什么都要管，我就没点儿自由吗？"

听了这样的话，我们都感觉到做父母的威严受到了挑战。老公首先脸一沉，有些火了；如果是以前，我肯定也会跳起来追上去教训儿子一顿。可是理智告诉我，一时的冲动只能发泄心中的不满，只会使孩子的心灵受到伤害，使他越来越叛逆，不但教育不好孩子，反而会使他与父母敌对。于是我急忙阻止了老公，说："他总算还是听话的，你看他不是上去穿了吗，等他下来，我会跟他说说的。"

儿子穿好衣服下来了，我马上轻松地说："看我们家的小伙子，穿好衣服的样子就是不一样，比较有教养了，比刚才好看多了，不再像一条光溜溜的泥鳅了。"儿子不好意思地笑了。我看到他情绪已经稳定，就对他说："刚才你跺脚的样子真的不好看，你是小大人了，要像个样子了。爸爸、妈妈觉得你伤了我们的心，我们好心让你去穿衣服，一是为了你的身体健康着想，二是认为你长大了，只穿短裤衩很别扭，不好看，也不文明。也许我和你爸爸说话口气生硬了点儿，但你也应该懂得爸爸妈妈的心呀。"看

亲子关系
12招让你成为孩子眼中的好父母

> 他在听着,并无反感情绪,我接着说:"妈妈前几天心情不好,为了点儿小事与你爸闹得不开心,你还开导过妈妈,告诉我不必为这些小事伤了家庭的和气。妈妈觉得你说得有道理,就听你的,没再和爸爸闹别扭了。今天爸爸妈妈要你穿外套是不是很小的一件事?你发那么大的脾气,难道就没伤和气吗?"儿子听了,明显觉得自己有过错,于是说:"你们有道理,我也听。"
>
> 就这样,一场本来有点儿火药味的家庭冲突就在开心的交流中得到了解决。

谁家有个青春期的孩子,似乎就有了一颗不定时的炸弹,稍不留神,就会把全家炸得鸡飞狗跳。范女士的明智之处在于,她用轻柔之手拆除了炸弹的引信,而不是引爆了炸弹。当孩子出现一些不称父母心的表现时,父母应该在当法官前,先给孩子当律师。站在孩子的角度想想他这么做的理由,有哪些值得理解的地方,并采取积极有效的办法帮助孩子树立正确的观念,给孩子做心理疏导,让他们主动认识到事情的对与错。

好的亲子关系胜过许多教育,但关系好不等于没有冲突,实际上,冲突也是成长所需要的一种营养。如《关键教养报告》所评论的,在青春期与父母适度产生冲突的孩子,比完全没有冲突或频频产生冲突的孩子更会自我调节。冲突是相互的倾听和认识,其价值是相互理解和接纳,关键在于要把握冲突,合理化解。

顶嘴的孩子身上往往有着很突出的特点,如自我意识强、个性鲜明等，如果引导得好，这些特点可以发展成为良好的品质，如自强、坚毅、讲道理等。当孩子顶嘴时，父母不宜和孩子斗气，更不必强争高低，不妨先主动挂出免战牌，大度地一笑，或优雅地摆摆手，这种低姿态反而可能给孩子深刻的触动。

如果能与孩子敞开心扉谈一谈是最好的，但很多父母焦虑地发现，虽然自己做好了倾听孩子心声的准备，可是孩子依然很少说话，甚至总把自己关在房间里。即使是这样，父母也切忌唠叨，唠叨在孩子那里只能成为青春期的噪音。

如有必要，父母可以适时地给孩子写封信或发微信、短信，推心置腹地分析，往往会收到更好的效果。提醒一句，写了信不必去催问孩子看了没有，也不必询问他有什么想法。信，孩子肯定会看，看了之后即使不说，他也会悄悄地消化。

其实，顶嘴的行为是孩子成长的必然产物，只要父母积极引导，就能帮助孩子安全地度过心理的叛逆期。

好父母成功锦囊 XII

叛逆往往是长大的需要，是独立的需要，是孩子在青春期的必然反应。

▼

由溺爱导致的逆反，父母要纠正自身的问题，做到：对孩子关爱但不溺爱，适度满足孩子的要求，要敢于对孩子说"不"。

▼

对于因受挫而导致逆反的孩子，父母要给予孩子更多的爱和关注：关注孩子的情绪，倾听孩子的心声，永远不把孩子称为"坏孩子"。

▼

孩子由于情绪长期压抑而形成逆反，父母应该明确：选择是孩子的权利，民主权威型家庭的孩子成才率更高，别在孩子面前扮演全能角色。

▼

青春期的孩子，逆反心理强烈，会故意表现得很叛逆，父母对此要理解和宽容，要学会倾听孩子的心声，再对其行为加以正确的引导。